*"Una mirada al interior"*

Este no es solo un libro…
es un espejo del alma,
una pausa necesaria,
una conversación sincera entre lo vivido y lo sentido.

*Cuando el corazón escribe* es un viaje íntimo a través de las emociones, los silencios, las heridas y los despertares del ser humano. Cada canto es una página escrita con verdad: algunas nacen del dolor, otras del amor, muchas desde el deseo de comprender lo que realmente somos cuando nos despojamos de las máscaras.

Janel Silva nos entrega una obra profunda, tejida con historias, reflexiones y poesías que acarician el alma. Un libro para leer despacio, con el corazón en la mano, y con la valentía de quien se atreve a mirar hacia adentro.

Este viaje no busca respuestas absolutas, sino despertar conciencia.
Porque a veces, el corazón no solo late…
**también escribe.**

# Cuando el corazón escribe

*Un viaje al corazón del ser humano*

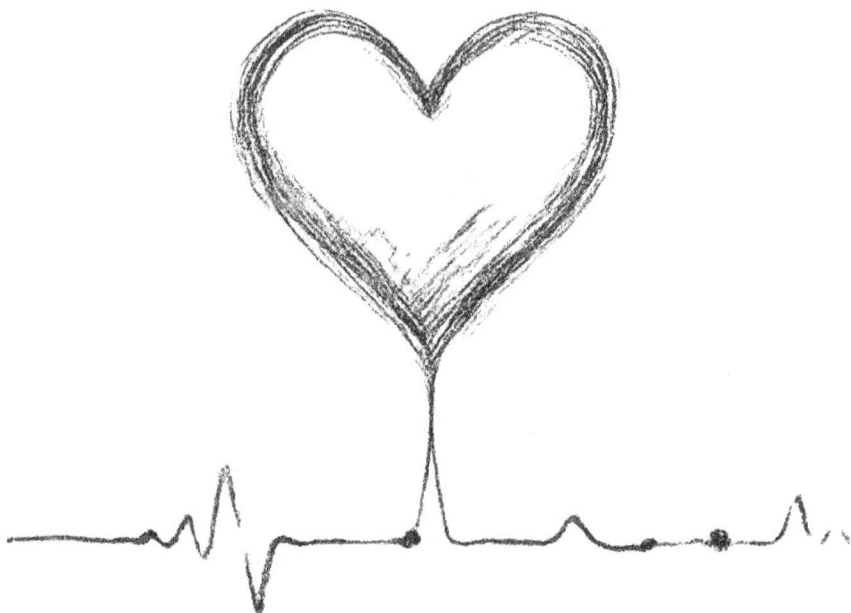

Roleia
EDICIONES

## Dedicatoria

A **Dios,**
mi fuente eterna de inspiración,
gracias por regalarme la vida, la sensibilidad y el discernimiento necesarios
para transformar emociones en palabras
y convertir vivencias en reflexión.
Sin Tu guía, esta obra no existiría.

A mi **madre,**
mujer valiente que me enseñó con el ejemplo
el valor del sacrificio, la fe y la ternura.
A mis **hijos,** mi motor diario,
razón de cada intento,
y a mis hermanas, cómplices del alma, testigos de mis pasos.

A mis queridos amigos y compañeros de fe,
el **Pastor Jonny Encarnación** y **Miledy Sánchez,**
por su palabra oportuna,
su apoyo incondicional
y su testimonio de vida que tantas veces me sostuvo.

A **Mayra Pacheco,**
una mujer que en mi ausencia tomó las riendas con firmeza
y demostró el coraje que habita en su alma.
Gracias por tu entrega silenciosa y tu fuerza en la adversidad.

Y dedico especialmente muchas de estas páginas
a tres hermanos que la vida me regaló
y el corazón adoptó para siempre:
**Omar, Juan y Papon.**
Gracias por caminar conmigo en los días más difíciles,
por sostenerme en el proceso,
por reír, llorar y creer conmigo.
Los amo profundamente
y le pido a Dios que los bendiga grandemente
hoy y siempre.

*Janel J Silva A*

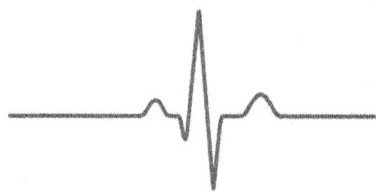

## Nota del autor

*Querido lector:*

No sé en qué momento ni bajo qué circunstancias este libro ha llegado a tus manos, pero sé que nada en la vida es casualidad. Cada palabra aquí escrita nace de vivencias, de preguntas, de momentos en los que el alma tuvo que detenerse para comprender, y el corazón se atrevió a escribir lo que la boca no sabía expresar.

**Cuando el corazón escribe** no es un libro para leer a la ligera, ni una obra para consumir y olvidar. Es un llamado profundo a la introspección. A mirar hacia adentro. A reconocer el valor de cada experiencia, el peso de cada silencio, la belleza de cada lágrima y la grandeza de cada acto de amor.

Cada capítulo es una puerta abierta. Una historia que invita a recordar la tuya. Una reflexión que no pretende imponerse, sino acompañarte. Te invito a leer con el alma despierta. A detenerte en las frases que te duelan, en las que te sanen, en las que te confronten. Porque en esos momentos… estarás más cerca de ti mismo.

Este libro está escrito para ti que has amado, que has perdido, que te has preguntado quién eres realmente y hacia dónde vas. Para ti que buscas crecer, entender, soltar o perdonar. Para ti que, aún con miedo, sigues creyendo que vivir con el corazón abierto… vale la pena.

No tengas prisa. Regresa a las páginas que necesites. Llévalas contigo cuando lo sientas necesario. Y, sobre todo, permite que algo de esto eche raíz en tu vida. Que no sea solo una lectura, sino un despertar. Una guía para vivir con más conciencia, con más gratitud, con más humanidad.

Gracias por leerme.
Gracias por leerte a través de estas palabras.
Y gracias por ser parte de esta obra…
que también es tuya.

**Con respeto y esperanza,**
Janel Silva

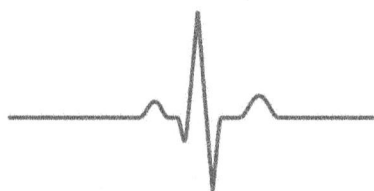

## Notas de edición

**Título de la obra:**
Cuando el corazón escribe: *Un viaje al corazón del ser humano*

**Autor:**
Janel Silva

**Primera edición**
República Dominicana / Puerto Rico, 2025

**Género literario:**
Esta obra pertenece al género **literario–reflexivo**, con elementos de **ensayo poético, narrativa simbólica y espiritualidad aplicada.** Cada canto es una expresión íntima del alma humana, abordando temas como el amor, el dolor, la fe, la conciencia, el perdón y la transformación, en una búsqueda sincera de sentido y luz interior.

**Diseño editorial y conceptual:**
Aroleia Ediciones

**Producción creativa y narrativa complementaria:**
Inspirado y desarrollado en sincronía con Hoy es Mañana Podcast, espacio de diálogo y despertar interior creado por el autor.

**Portada e ilustraciones interiores:**
Diseño conceptual por Janel Silva
Imágenes generadas con asistencia creativa personalizada

**Corrección y revisión editorial:**

Janel Silva y colaboradores invitados

**Derechos de autor:**

**Publicado bajo el sello editorial:**

Aroleia Ediciones

San Juan, Puerto Rico / Santo Domingo, República Dominicana

ARoleia
EDICIONES

# Índice

# Prólogo

Hay momentos en la vida en que el alma necesita hablar. No con gritos, ni con discursos, sino con palabras nacidas del silencio. Palabras que no se dicen por obligación, sino porque ya no caben dentro. Este libro nace de uno de esos momentos. De esa necesidad profunda de traducir lo vivido, lo sentido y lo aprendido en un lenguaje que pueda tocar a otros.

Cuando el corazón escribe no es solo un título. Es una afirmación. Es un recordatorio de que lo más sagrado del ser humano no siempre se grita desde las cumbres, sino que se susurra desde las grietas. En cada capítulo hay un latido. A veces firme, otras tembloroso. Pero siempre real.

Aquí encontrarás historias, reflexiones y heridas que sanan. Encontrarás preguntas que no buscan respuesta inmediata, y verdades que se abren sin miedo. Es un viaje hacia dentro, hacia lo más profundo del ser humano: su amor, su fe, su pérdida, su redención, su lucha por entenderse y trascender.

No esperes perfección en estas páginas. Lo que encontrarás es humanidad. Rostros que se parecen al tuyo, dolores que has sentido o podrías sentir, encuentros que tal vez ya viviste o estás por vivir. Este libro no fue escrito para enseñar desde arriba, sino para acompañar desde el lado. Caminar juntos.

Que cada palabra te sirva como espejo. Que cada historia te abrace. Que cada reflexión te permita detenerte y escuchar lo que a veces el ruido del mundo no deja oír: tu propio corazón. Porque cuando él escribe, no lo hace con tinta... sino con verdad.

Y si en algún momento alguna página te hace llorar, o recordar, o soñar... que así sea. Porque ahí sabrás que no estás solo. Que hay un alma que también sintió, que también dudó, que también amó... y que decidió convertir todo eso en palabras.

Bienvenido a este viaje.
**El corazón... ya empezó a escribir.**

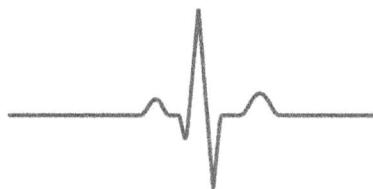

# Introducción

Todo gran viaje comienza con una pregunta.

Y este no es un libro cualquiera, es un viaje al corazón del ser humano: ese espacio invisible donde convergen el amor, el miedo, la fe, la pérdida, la esperanza y el milagro cotidiano de seguir respirando.

En estas páginas no encontrarás fórmulas ni respuestas universales, porque el alma no se mide con reglas. Encontrarás, en cambio, reflejos. Ecos. Latidos escritos con palabras. Historias que quizás no son tuyas, pero que se parecen demasiado a las que aún no has contado. Este libro fue escrito desde la sinceridad, con la intención de acompañarte. No de instruirte, sino de recordarte. Porque cuando el corazón escribe, lo hace para volver a casa.

La estructura que sostiene esta obra está organizada en lo que he llamado **cantos.** Cada canto es una pieza del alma, un fragmento de humanidad. No quise llamarlos capítulos, porque lo que aquí se canta no tiene rigidez. Es un fluir de la conciencia, una melodía del espíritu. Son cantos porque se sienten, no solo se leen. Se meditan. Se dejan caer dentro del pecho y se levantan desde ahí.

Cada canto está compuesto por tres partes:
Primero, una reflexión abierta, donde se plantea el tema desde lo humano y lo existencial.
Luego, una historia inspiradora o simbólica que conecta con la realidad emocional de quien lee.
Y finalmente, una reflexión poética que sirve como cierre, oración o suspiro. Una pausa para integrar lo vivido.

Este libro nace en sincronía con Hoy es Mañana Podcast, un espacio que abrí al mundo para hablar de lo esencial: el alma, la conciencia, la vida real. También está cobijado bajo el sello de Aroleia Ediciones, un sueño editorial donde lo más importante no es publicar, sino **elevar el mensaje, cuidar el alma del texto y honrar la dignidad del lector.**

Quise escribirle al ser humano, no desde el juicio ni desde la cima, sino desde el abrazo. Desde la tierra. Desde la grieta y también desde la luz. Creo en el valor de mirar hacia adentro con honestidad, sin adornos ni máscaras. Creo que todos, en algún momento, necesitamos sentarnos en silencio y volver a escuchar lo que llevamos dentro.

Este libro es para ti si alguna vez te has sentido perdido, roto, amado, traicionado, esperanzado o vacío. Es para ti si estás buscando sentido, si has renunciado a encontrarlo o si simplemente necesitas detenerte un momento. Aquí no te ofrezco caminos trazados, pero sí te invito a caminar con más verdad.

Te propongo que leas sin prisa. Que dejes que cada canto haga su trabajo. Algunos te abrirán puertas, otros tocarán heridas. Y está bien. Así es la vida: un canto donde lo bello y lo doloroso conviven. Un canto donde cada palabra que nace del corazón... tiene poder para sanar.

Gracias por estar aquí.
Gracias por permitir que esta obra sea parte de tu camino.
Que cada página te recuerde que eres humano, sí...
pero también una creación perfecta
que aún está en proceso.

# El ser humano, la creación perfecta

*"El ser humano es el puente entre la tierra y el infinito; hecho de polvo, latido y misterio, lleva en sus manos la fragilidad de la carne… y en su alma, la chispa del Creador."*

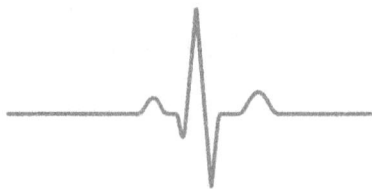

# El ser humano, la creación perfecta

En los albores del tiempo, cuando aún el universo palpitaba con la energía del origen, nació un planeta cubierto de océanos inquietos y montañas silenciosas. En sus entrañas, la vida comenzó a susurrar posibilidades, extendiéndose como un misterio a punto de revelarse. Las semillas rompieron la tierra, los animales poblaron los valles, y el aire se llenó de un canto invisible. En medio de ese espectáculo, surgió una criatura que no solo habitaba el mundo, sino que comenzaba a preguntarse por él: el ser humano.

A diferencia de cualquier otra forma de vida, el ser humano no solo respondía al instinto, sino que sentía. Amaba. Lloraba. Temía. Reía. En su interior, una llama invisible lo separaba del resto: la conciencia. Gracias a ella podía verse a sí mismo, cuestionarse, imaginar, crear. En su pecho latía algo más que un corazón; latía una pregunta constante: ¿quién soy?

Desde sus primeros pasos por el barro primitivo hasta sus huellas en la luna, el ser humano ha tejido una historia llena de luces y sombras. Con sus manos ha levantado templos y también armas, ha sembrado vida y, en ocasiones, ha sembrado dolor. Pero incluso en sus errores, hay una belleza trágica: la capacidad de aprender, de arrepentirse, de volver a intentarlo. Su historia no es perfecta, pero es profundamente humana.

El hombre y la mujer fueron dotados de cuerpo y alma, razón y emoción, impulso y conciencia. En esa dualidad nace su desafío: elegir. No es guiado únicamente por lo que es, sino por lo que decide ser. Y en cada elección, por pequeña que parezca, el universo interior se transforma. Ahí radica su divinidad: en que puede construir su propio destino.

Al contemplar una puesta de sol, un nacimiento, una obra de arte o una despedida, el ser humano se conmueve. No es solo por lo que ve, sino por lo que comprende en su interior. Su capacidad de sentir lo invisible, de intuir lo eterno en lo cotidiano, lo convierte en una creación capaz de tocar lo sagrado sin siquiera nombrarlo.

En su cuerpo se combinan polvo de estrellas y memoria ancestral. En su mente, la razón danza con los sueños. En su espíritu, la nostalgia de un hogar que no ha visto, pero que anhela. Vive entre el tiempo y la eternidad, con los pies en la tierra y el alma asomada a lo infinito. Por eso construye templos, canta oraciones, pinta cielos y escribe versos: porque en lo profundo, sabe que hay algo más.

El ser humano es capaz de crear belleza donde solo hay ruinas. Una canción que calma el alma, un abrazo que rompe silencios, una palabra que salva del abismo. Sus obras más valiosas no se cuentan en dinero, sino en vidas transformadas por su paso. Porque donde hay amor verdadero, hay un rastro de eternidad.

Pero también carga consigo el peso de su libertad. Puede dañar, mentir, traicionar, destruir. Y muchas veces lo hace. Sin embargo, incluso entonces, dentro de él hay una voz que le recuerda que puede volver. Que no está perdido para siempre. Que siempre existe el camino de regreso a la verdad, al amor, a la luz.

Hay una belleza oculta en su fragilidad. En sus miedos, en sus dudas, en sus errores. Porque en ellos también aprende. También se encuentra. También crece. La perfección del ser humano no está en no caer, sino en levantarse con más sabiduría y más compasión. Cada herida puede ser un portal hacia una nueva comprensión.

La historia humana está tejida con lágrimas y risas, batallas y cantos, pérdidas y milagros. Ningún otro ser escribe su vida con tanta intensidad. Cada generación recibe el testigo de construir sobre lo que fue, sin olvidar que también tiene el poder de reinventarlo todo. El legado no está en el oro ni en el poder, sino en el amor transmitido.

El ser humano también es un reflejo. Un espejo de quienes lo rodean. Aprende amando, sirviendo, perdonando. En cada otro descubre un fragmento de sí mismo. Por eso necesita comunidad, pertenencia, familia, abrazo. Porque es en el "nosotros" donde el "yo" se reconoce de forma completa.

En medio del ruido del mundo, todavía hay silencios que revelan verdades profundas. Una mirada que dice "te entiendo", un gesto que comunica sin palabras, un silencio que acompaña. Es ahí donde el ser humano se muestra en su forma más pura: no como una máquina de producir, sino como un alma que vibra.

Es cierto que muchas veces se olvida de lo que es. Que la prisa, el miedo o el dolor lo desconectan de su esencia. Pero incluso en la confusión, hay señales. Una canción antigua. Una frase de un libro. Un amanecer inesperado. Algo que le recuerda que está vivo, que es amado, que todavía hay belleza por descubrir.

En cada rincón del planeta hay seres humanos haciendo cosas extraordinarias en la simpleza del día a día. Una madre que lucha, un joven que no se rinde, un anciano que aconseja, un niño que perdona. Ellos no salen en los titulares, pero sostienen el mundo con actos invisibles que cambian destinos.

El ser humano también carga historias que no contó, dolores que no lloró, sueños que no cumplió. Y, sin embargo, camina. Se esfuerza. Espera. Porque en lo profundo sabe que su vida no es en vano. Que cada paso tiene sentido, aunque aún no lo comprenda del todo.

Cada vida humana es un universo. Con sus propios planetas, lunas, estaciones, tormentas y soles. No hay dos iguales. Y cada una tiene algo que ofrecer al mundo: una palabra, un talento, una presencia. El mundo está incompleto sin cada una de ellas.

La espiritualidad del ser humano no está reservada a los templos. Se manifiesta también al cuidar a un enfermo, al llorar con otro, al dar sin que lo pidan. Es ahí donde el espíritu brilla sin etiquetas ni dogmas. Es la presencia consciente en el dolor, la compasión silenciosa, la mirada que acompaña.

Si el ser humano pudiera verse como lo ve su Creador —con ojos de amor y propósito— viviría con mayor conciencia de su valor. No buscaría tanto afuera lo que ya habita dentro. No necesitaría demostrar quién es, sino simplemente serlo, con humildad y verdad.

No existe criatura en la tierra con más poder para cambiar, sanar, perdonar y transformar que el ser humano. Por eso, aunque muchas veces olvida su esencia, siempre hay esperanza. Porque su alma fue hecha para la luz, aunque camine en la sombra por un tiempo.

En cada respiración está la oportunidad de volver a empezar. En cada pensamiento, la semilla de una nueva historia. En cada gesto de amor, la posibilidad de redención. Esa es la perfección del ser humano: no la ausencia de error, sino la capacidad de ser mejor cada día.

Y así continúa su historia, en este pequeño planeta azul suspendido en la inmensidad del universo. Una historia escrita con sangre, sudor, esperanza y fe. Una historia que aún no termina, porque el corazón humano sigue escribiendo.

El ser humano no solo habita el mundo: lo interpreta. Donde otros ven simplemente un árbol, él encuentra un símbolo. Donde hay silencio, escucha significado. Posee la capacidad única de darle nombre a lo invisible, de poner palabras a lo sagrado, de sentir lo eterno en lo efímero. Es artista de la percepción, escultor de su propia realidad.

En su andar diario, carga una dualidad constante. Es cuerpo, pero también espíritu. Carne que se desgasta, alma que se expande. Puede enfermar, pero también sanar con una sonrisa. Puede tropezar, pero también volar con una idea. En esa tensión entre lo que lo limita y lo que lo eleva, se define su humanidad.

Camina por el mundo como un puente entre lo material y lo trascendente. Construye casas, pero también altares. Firma contratos, pero también hace promesas eternas. Tiene hambre de pan, pero también sed de sentido. Esa combinación lo hace único, pero también profundamente complejo.

En su interior conviven fuerzas opuestas: el deseo de pertenecer y la necesidad de libertad; el instinto de protección y la tentación del riesgo; el miedo a fallar y la esperanza de triunfar. Cada día es una batalla invisible entre impulsos y principios, entre lo que quiere y lo que sabe que necesita.

A pesar de sus contradicciones, el ser humano sigue siendo un milagro en movimiento. No hay un solo día en la historia en que alguien no haya hecho el bien, no haya extendido la mano, no haya dado sin esperar. Aunque muchas veces no se vea, hay una red silenciosa de gestos que sostiene el alma colectiva del mundo.

Cada ser humano carga un universo dentro. Con sus luces y sombras, con su historia, con sus heridas y con sus sueños. No hay nadie que no haya sido amado, herido, ignorado o buscado. Por eso, cuando dos personas se encuentran verdaderamente, se produce algo sagrado: el reconocimiento del alma en el otro.

La empatía nace de ese reconocimiento. Entender que el otro también sufre, también sueña, también lucha. Es mirar más allá de la apariencia y conectar con lo esencial. La humanidad se fortalece cuando dejamos de juzgarnos por lo que mostramos y aprendemos a escucharnos por lo que sentimos.

En cada barrio hay un héroe anónimo. En cada familia, un guardián silencioso. En cada generación, alguien que carga con dolores que no dice y sigue dando amor como si nada pasara. Son ellos los que salvan al mundo. Los que sostienen los valores cuando todo parece derrumbarse.

El ser humano también tiene la capacidad de transformación. Puede nacer en el dolor y renacer en la luz. Puede cometer errores, pero no quedar atrapado en ellos. Cuando decide cambiar, su historia entera cambia con él. Ningún error es más fuerte que un corazón arrepentido.

A lo largo de su vida, atraviesa procesos que lo transforman desde dentro. No se trata solo de crecer en edad, sino de crecer en conciencia. Lo que ayer lo lastimaba, hoy puede inspirarlo. Lo que antes temía, ahora lo fortalece. Su alma es tierra fértil: todo lo que cae puede convertirse en raíz o en flor.

Los vínculos humanos son su mayor fuente de aprendizaje. Amar a otro no es solo un sentimiento, sino una escuela. Enseña paciencia, renuncia, empatía, humildad. Enseña a ver más allá de uno mismo. Por eso, amar de verdad es un acto revolucionario: transforma a quien ama y a quien es amado.

A veces, la vida lo hiere profundamente. Pierde, fracasa, se rompe. Pero incluso en medio del dolor, guarda una semilla. Una chispa que, con el tiempo, puede convertirse en sabiduría. Muchas veces, el alma crece más en el invierno que en la primavera. Porque el dolor, aunque duela, también enseña.

Cada paso deja huella. Cada palabra deja eco. Cada decisión moldea su historia. El ser humano no es una hoja arrastrada por el viento: es un caminante. Y aunque no siempre sabe a dónde va, camina. Eso ya es valentía. Y en ese caminar, muchas veces descubre el sentido que antes buscaba.

El mundo intenta muchas veces definir su valor por lo que tiene. Pero su valor real está en lo que da. No en lo que acumula, sino en lo que entrega. El alma no se mide por el tamaño de su cuenta, sino por la profundidad de su compasión, la pureza de su mirada, la verdad de su intención.

Hay dentro del ser humano un anhelo constante de plenitud. Lo busca en la pareja, en la familia, en los logros. A veces se pierde, buscando afuera lo que solo puede nacer adentro. Pero cuando se detiene y se escucha, comprende que no está vacío: está lleno de posibilidades esperando ser activadas.

El perdón es uno de sus actos más elevados. No es olvido, sino liberación. No es debilidad, sino fuerza. Quien perdona no justifica el daño, pero se libera de cargarlo. El perdón transforma el corazón y regenera vínculos rotos. Es un bálsamo que solo los valientes pueden ofrecer.

También sabe caer. Pero más importante aún: sabe levantarse. Con cicatrices, sí, pero también con más luz. Porque cada caída enseña algo que el éxito no puede enseñar. Porque la humildad del que se levanta es más poderosa que la soberbia del que nunca ha caído.

El ser humano es también memoria. Guarda en su cuerpo, en su mirada, en sus silencios, lo vivido por generaciones. A veces hereda dolores no resueltos, pero también fuerza no reconocida. Es un eslabón en la cadena de la vida, y al sanar, también sana hacia atrás y hacia adelante.

La espiritualidad le da sentido. No necesariamente religión, sino conciencia de que hay algo más grande que él. Algo que lo trasciende, que lo sostiene, que lo llama a ser mejor. Esa dimensión lo eleva por encima de la materia y le recuerda que no está solo ni está aquí por accidente.

Y así, paso a paso, el ser humano continúa su camino. No es perfecto, pero es profundamente valioso. No es eterno, pero tiene una esencia que no muere. Y mientras siga soñando, amando, perdonando y creyendo, seguirá siendo el milagro más grande de toda la creación.

El ser humano deja huellas incluso cuando no se da cuenta. Una palabra dicha en el momento justo puede cambiar el rumbo de un alma. Un gesto amable puede detener una tormenta interior. A veces, sin saberlo, se convierte en la respuesta que otro estaba esperando. En su aparente pequeñez habita un poder inmenso.

La vida cotidiana está llena de milagros humanos que pasan desapercibidos. El padre que, aun cansado, sonríe para dar ánimo. La mujer que, entre sus lágrimas, sigue sosteniendo a su familia. El joven que decide no rendirse a pesar del rechazo. En cada uno de ellos, la humanidad se revela en su forma más real.

Más allá de los títulos, los logros o los aplausos, el verdadero valor del ser humano está en su capacidad de resistir sin endurecerse, de luchar sin perder la ternura, de dar sin vaciarse del todo. Su grandeza no se mide por lo que logra, sino por lo que inspira, por lo que construye en otros.

Hay quienes caminan por la vida como sembradores silenciosos. No buscan reconocimiento, pero siembran palabras de aliento, ideas de transformación, actos de generosidad. Su legado no está escrito en mármol, sino en corazones que un día florecieron gracias a ellos. Son luz discreta, pero persistente.

Incluso en medio de grandes sistemas, de gobiernos y estructuras, el poder último siempre ha estado en el individuo. Un solo ser humano con conciencia, con fe, con amor, puede transformar su entorno. La historia está llena de personas que, con un acto de verdad, abrieron caminos para millones.

Pero el ser humano no solo transforma hacia afuera: su misión más profunda es transformarse a sí mismo. Sanar heridas que no causó, romper ciclos que heredó, descubrir verdades que estaban dormidas. Volverse cada día un poco más coherente, más compasivo, más libre.

No hay viaje más difícil ni más necesario que el que se hace hacia dentro. Enfrentarse a los propios miedos, aceptar la sombra sin juzgarla, abrazar la herida sin vergüenza. Es en ese espacio íntimo donde se define la calidad de vida, no en lo que se tiene, sino en cómo se vive lo que se es.

El ser humano, en su núcleo, busca ser visto, escuchado, comprendido. Quiere saberse valioso, digno, importante. Y cuando se siente amado, florece. Cuando alguien cree en él, se supera. Cuando se le da una oportunidad, la convierte en posibilidad. Por eso el amor no es un lujo, es una necesidad vital.

En la niñez, aprende por imitación. En la juventud, por choque. En la adultez, por elección. Y en la vejez, por contemplación. Cada etapa es sagrada, y en todas hay lecciones. Quien abraza cada fase con humildad, vive una vida rica en matices, y deja una estela de sabiduría.

También es capaz de crear belleza con lo roto. Escribe poemas sobre el dolor, pinta cuadros con lágrimas, compone melodías que nacen del silencio de la pérdida. En su sufrimiento, el arte se convierte en catarsis. Y a través de ese arte, el alma respira y recuerda que aún está viva.

El tiempo lo moldea, pero también lo despierta. Lo ayuda a comprender que lo importante no siempre es urgente, y que lo valioso no siempre se ve. Lo enseña a soltar lo que pesa, a agradecer lo que queda, a valorar lo que siempre estuvo. El tiempo es maestro, si se lo escucha con el corazón.

La humildad es una de sus virtudes más profundas. No es sumisión, es sabiduría. Es reconocer que no lo sabe todo, que necesita del otro, que puede equivocarse. La humildad lo conecta con la verdad y lo libera del peso de aparentar. En ella florece su humanidad más pura.

El perdón también es una forma de renacimiento. No borra lo vivido, pero transforma su significado. Perdonar no es justificar el daño, sino elegir no cargarlo más. Es una decisión que sana, que libera, que reconcilia. El ser humano que perdona, se eleva.

El amor que da sin esperar, la palabra que consuela, la presencia que acompaña en silencio… todo eso es creación humana. Y en esa creación hay algo divino. Porque el amor verdadero no se inventa, se revela. Y quien lo ofrece, se convierte en canal de algo más grande que él.

Hay momentos en que todo parece perdido, pero basta un acto de bondad para encender la esperanza. El ser humano tiene la capacidad de ser esa chispa. De devolver la fe. De recordar que aún es posible lo bello, lo justo, lo verdadero. Su alma está hecha de esperanza, incluso cuando no lo sabe.

La historia lo ha probado una y otra vez. Ha caído, ha destruido, ha cometido errores graves. Pero también ha reconstruido, ha aprendido, ha amado más fuerte. Cada generación ha tenido su lucha, pero también su milagro. Y eso demuestra que no hay oscuridad definitiva mientras haya un corazón latiendo.

En su corazón habita el eco de lo divino. Una intuición que le susurra que la vida tiene propósito, que él tiene un lugar, que nada es casual. Esa certeza, aunque no siempre se pueda explicar, es la brújula que guía sus decisiones más importantes. Es la voz que lo llama a volver a casa.

La creación entera parece haber esperado su llegada. Los mares, para que los navegue. Las montañas, para que las contemple. Las estrellas, para que las nombre. El ser humano fue puesto en medio de la belleza no solo para usarla, sino para custodiarla, para dialogar con ella, para honrarla.

Y aunque muchas veces olvida quién es, el simple hecho de poder recordarlo lo hace grandioso. Porque el ser humano no está condenado a su pasado. Está llamado a su posibilidad. Y cada día que elige el amor por encima del miedo, está un paso más cerca de su esencia más perfecta.

## Para Reflexionar

El ser humano es un suspiro de eternidad en un cuerpo de barro,
un milagro que camina entre dudas y esperanzas,
una chispa de cielo envuelta en cicatrices,
una pregunta viva que busca abrazar su verdad.

Es río que fluye y piedra que resiste,
es raíz que recuerda y ala que sueña,
es abrazo que cura y palabra que construye,
es caída que enseña y perdón que libera.

Puede ser tormenta o refugio,
grito o canto,
herida o medicina.
Pero en todo, hay una posibilidad sagrada.

Lleva en sus manos la capacidad de crear mundos,
y en su pecho, el mapa de su alma.
No hay error que lo condene,
ni sombra que no pueda transformar en luz.

Porque fue hecho con intención,
no para la perfección fría de lo inalcanzable,
sino para la belleza viva de lo posible.
Para amar, para crecer, para volver a empezar.

Y mientras respire, mientras sienta, mientras elija…
el universo seguirá contemplando en silencio
la más maravillosa de sus obras:
el ser humano.

# El renacer del espíritu

*"El verdadero renacer del espíritu no llega con promesas externas, sino cuando el alma, cansada de huir, se detiene, se abraza… y decide volver a ser luz."*

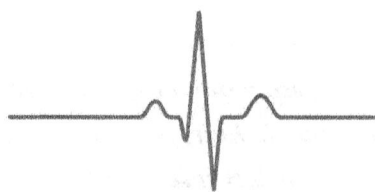

# El renacer del espíritu

El espíritu humano es como una semilla dormida en lo más hondo del alma. Puede pasar años en silencio, sin mostrar signos de vida, oculta bajo capas de miedo, rutina o desilusión. Pero incluso en la tierra más seca, basta una chispa de luz, una gota de amor o una grieta en el suelo para que empiece a brotar.

Renacer no es olvidar lo vivido, ni negar lo sufrido. Renacer es mirar la herida con otros ojos, es reconstruirse sin perder la esencia. El espíritu no muere cuando caemos, sino cuando dejamos de creer que podemos levantarnos. Por eso, cada caída puede ser un umbral hacia algo más profundo.

Hay momentos en la vida en que todo se detiene. El mundo sigue girando, pero por dentro algo se rompe. Se apagan las ganas, las certezas se disuelven, y una nube de vacío cubre lo que antes parecía claro. En ese silencio interior comienza el renacer, aunque no lo parezca.

Porque es en la oscuridad donde se forma la raíz. Es en el dolor donde se abre espacio para la transformación. El renacer del espíritu no es un espectáculo externo; es un proceso silencioso, íntimo, a veces doloroso, pero lleno de verdad. Una verdad que despierta sin prisa, pero con firmeza.

El ser humano está llamado no solo a sobrevivir, sino a evolucionar. Cada crisis trae consigo un mensaje, un llamado a mirar hacia dentro. Muchas veces la vida nos detiene a la fuerza, no por crueldad, sino por misericordia: para que dejemos de correr sin rumbo y recordemos quiénes somos realmente.

Renacer es reencontrarse con esa parte de nosotros que habíamos olvidado. La parte que no depende del aplauso, ni del éxito, ni de la aprobación. La parte que sabe amar sin miedo, crear sin límites, confiar sin ver. Esa es la chispa divina que habita en cada alma.

El espíritu humano no muere con los fracasos, ni se apaga con las pérdidas. Solo se adormece. Pero hay experiencias, personas, palabras o silencios que lo despiertan. A veces es una enfermedad, una despedida, un momento de soledad profunda. Y otras veces, es una sonrisa, una canción, una oración.

El renacer del espíritu implica soltar. Soltar ideas viejas, culpas heredadas, expectativas que ya no nos sirven. Implica perdonarse y perdonar, comprender que lo perfecto no existe, y que ser humano también es equivocarse. Pero también es tener la valentía de seguir adelante.

Muchas veces, creemos que despertar el espíritu requiere subir a montañas lejanas o meditar durante años. Pero a veces, basta con detenerse un momento. Respirar hondo. Agradecer. Escuchar ese susurro suave que habita detrás del ruido. El alma siempre está hablándonos, solo que hemos olvidado cómo oírla.

El espíritu no se impone, se revela. No necesita adornos, ni dogmas, ni perfección. Solo necesita verdad. Presencia. Honestidad. Es como un río que, cuando encuentra su cauce, fluye sin esfuerzo. Y en su fluir, limpia, transforma, renueva todo lo que toca.

La espiritualidad auténtica no es evasión, es encuentro. No es huida del dolor, sino inmersión consciente en él, con el propósito de comprender y trascender. Es abrir el corazón a algo más grande, sin dejar de estar con los pies en la tierra. Es ser humano y divino al mismo tiempo.

El renacer del espíritu cambia la mirada. Uno ya no ve enemigos donde antes había ofensas. Ya no necesita tener la razón, sino paz. Ya no compite por ser más, porque ha entendido que la verdadera grandeza es ser fiel a uno mismo. Y desde ahí, vivir con propósito.

Las personas que han renacido espiritualmente se sienten diferentes, pero no superiores. Caminan más livianas. No porque la vida pese menos, sino porque ya no cargan con lo que no les pertenece. Han aprendido a elegir qué batallas pelear y cuándo simplemente soltar.

El dolor no desaparece, pero ya no domina. El miedo aún aparece, pero ya no paraliza. El ego susurra, pero ya no grita. Porque ahora hay una voz interior más fuerte, más sabia, más amorosa. Esa voz es el espíritu, que al despertar, guía con firmeza y ternura.

Renacer también es volver a amar. No con necesidad, sino con libertad. No para llenar vacíos, sino para compartir plenitud. Quien ha renacido espiritualmente ya no busca salvar al otro, sino caminar a su lado. Ya no idealiza, pero tampoco se cierra. Ama de forma real, presente, completa.

Este proceso no ocurre una sola vez. La vida nos invita a renacer muchas veces. Cada etapa, cada pérdida, cada comienzo trae su propio llamado. Y si lo escuchamos, seguimos creciendo. Porque el alma es como un árbol: cada estación le permite transformarse sin perder su raíz.

No hay edad para despertar. No hay error que lo impida. No hay camino único. Cada quien tiene su historia, su proceso, su tiempo. Lo importante es mantenerse abierto, disponible, sensible a las señales que la vida va dejando en el camino. Todo puede ser maestro si estamos atentos.

Y cuando finalmente el espíritu despierta, el ser humano comienza a vivir con autenticidad. Ya no se disfraza. Ya no finge. Ya no busca llenar expectativas ajenas. Comienza a vivir desde su centro, desde su verdad. Y esa verdad lo libera, lo enciende, lo convierte en luz para otros.

El renacer del espíritu no lo cambia todo afuera, pero lo cambia todo por dentro. Y desde ese cambio interno, el mundo se transforma. Porque quien renace, ya no vive como antes. Vive con sentido, con humildad, con presencia. Vive como quien ha regresado a casa.

Durante años, Mateo vivió dentro de una rutina que lo adormecía. Trabajaba de sol a sol, atendía responsabilidades, cumplía expectativas. Era un hombre correcto, responsable, respetado. Pero cada noche, al cerrar la puerta de su habitación, sentía un vacío que no podía llenar con nada de lo que tenía.

Nunca hablaba de ello, pero llevaba dentro una tristeza que le pesaba como una roca. Había perdido la pasión por las cosas. Todo lo que hacía era por deber, no por amor. Sonreía por fuera, pero por dentro había olvidado cómo reírse de verdad. Había olvidado quién era antes de todo lo que ahora parecía ser.

Un día, mientras regresaba a casa, sintió un dolor agudo en el pecho. Se desplomó en medio de la acera, entre bocinas y miradas anónimas. Cuando despertó, estaba en una camilla, con cables y luces sobre él. Había sufrido un infarto. Los médicos dijeron que había tenido suerte de sobrevivir.

Durante los días de recuperación en el hospital, todo cambió. El tiempo, que antes era un enemigo que lo empujaba sin tregua, se volvió un aliado silencioso. Por primera vez en años, tuvo que detenerse. No había correos que responder ni metas que alcanzar. Solo él… consigo mismo.

Las paredes blancas, el olor a alcohol y los pasos lejanos de enfermeras se convirtieron en su nuevo templo. Allí, en medio del silencio, comenzó a escuchar algo que hacía tiempo ignoraba: su propia alma. Al principio fue incómodo, incluso doloroso. Pero lentamente, empezó a recordar.

Recordó las tardes de su infancia, corriendo por el campo de su abuelo. Recordó las canciones que le gustaban antes de que la vida se volviera tan seria. Recordó su sueño de ser escritor, enterrado bajo papeles de oficina. Y lloró. Lloró como no lo hacía desde que era niño. Y en esas lágrimas, algo despertó.

Una tarde, una enfermera de mirada amable le trajo un libro. Era sencillo, de tapa gastada. Se titulaba *"La vida que florece después de la tormenta"*. Mateo lo abrió con desgano, pero pronto se encontró atrapado en sus páginas. Hablaba del alma, del despertar, del sentido de vivir. Cada frase parecía escrita para él.

Día tras día, comenzó a escribir en un cuaderno. Al principio, garabateaba ideas sueltas. Luego, pensamientos profundos. Después, memorias. Finalmente, oraciones. Palabras que no iban a ningún dios en específico, pero que salían del alma como un río que encuentra cauce.

Su cuerpo sanaba, pero más aún, su espíritu. Ya no veía el infarto como una desgracia, sino como una puerta. Una interrupción necesaria para salvarlo no solo físicamente, sino desde lo más hondo. Empezaba a ver la vida con otros ojos. Como si el alma le hubiera quitado el polvo a sus pupilas.

Cuando por fin le dieron el alta, regresó a su casa. Todo estaba igual, pero él no. Se paró frente al espejo y, por primera vez en años, se reconoció. No era el mismo Mateo. Era un hombre que había tocado fondo, pero que desde ahí había encontrado una fuerza nueva. Una claridad interior que no venía del pensamiento, sino del espíritu.

Los días siguientes fueron extraños. Algunos amigos no entendían su cambio. Su rutina ya no le servía. Vendió cosas que ya no necesitaba. Retomó la escritura. Comenzó a caminar por las tardes, sin auriculares, solo escuchando el viento. Cada paso era una meditación. Cada respiración, una oración.

No se volvió místico, ni abandonó todo. Pero comenzó a vivir con intención. Cada conversación, cada alimento, cada gesto era más consciente. Leía menos noticias, pero escuchaba más su corazón. Pasó menos tiempo en la pantalla, y más tiempo con sus hijos, jugando, riendo, mirando las estrellas.

Una mañana, al despertar, no sintió ansiedad. No había urgencia. No había miedo. Solo una calma nueva, como si algo dentro se hubiera asentado. Se sentó en la terraza, con una taza de café humeante, y escribió una frase en su cuaderno: *"Hoy no soy otro… soy yo mismo, por fin."*

Con el tiempo, Mateo empezó a compartir su proceso con otros. No como un gurú, sino como un hombre que había vuelto a sentir. Comenzó un pequeño grupo de reflexión en su comunidad. No hablaban de religión, sino de alma. De heridas. De propósito. De cómo volver a ser.

Algunos lloraban. Otros reían. Muchos simplemente escuchaban. Y cada encuentro era un recordatorio: todos llevaban dentro algo dormido. Todos podían renacer. Solo hacía falta un espacio seguro, una palabra justa, un silencio verdadero.

Un día, una joven del grupo se acercó y le dijo:
—Mateo, tu historia me salvó. Pensaba rendirme, pero hoy siento que mi alma también quiere despertar.

Él sonrió, con los ojos brillantes. No por orgullo, sino por gratitud. Porque entendía que su dolor no fue en vano. Que su caída fue la semilla. Y que su renacer, silencioso y verdadero, ya estaba dando fruto en otros.

Y así, sin buscarlo, Mateo se convirtió en faro. No porque tuviera respuestas, sino porque había aprendido a escuchar. No porque no sufriera más, sino porque ya no huía. Porque su espíritu había vuelto a la vida. Y desde entonces, cada día era sagrado.

## Para Reflexionar

Hay momentos en que el alma se rompe
no para destruirse,
sino para soltar lo que ya no le pertenece.
En la grieta, entra la luz.
En el dolor, brota la verdad.

Renacer no es volver a ser el de antes,
es ser quien debías ser desde el principio.
Es recordar lo que el mundo te hizo olvidar,
es abrazar tu sombra con ternura,
y caminar otra vez, más liviano, más cierto.

El espíritu no grita,
susurra en los momentos de silencio.
Es ese suspiro que no entiendes,
esa lágrima que limpia sin palabras,
esa paz que no depende de nada.

Quien renace no necesita explicarlo,
porque su mirada ya lo dice todo.
Porque su presencia ya sana,
porque su verdad se vuelve semilla
en los corazones que lo rodean.

Y así, sin estruendo,
el alma florece donde antes hubo ruina.
Y el ser humano comprende que
a veces, perderse…
es la única forma de encontrarse.

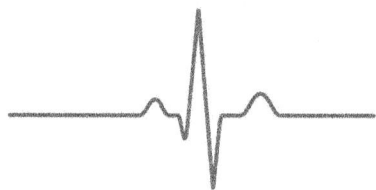

# Tercer canto

# A través de la amistad
# verdadera

*"La verdadera amistad no se mide en palabras, sino en los silencios que abrazan, en los pasos compartidos sin prisa, y en esa lealtad invisible que permanece… incluso cuando el camino se vuelve incierto."*

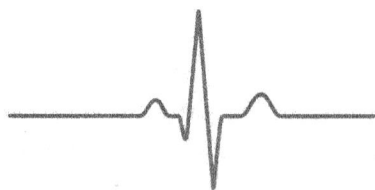

# A través de la amistad verdadera

La amistad es uno de los regalos más sutiles y esenciales que la vida ofrece. No nace del deber, ni se impone como un lazo de sangre. La amistad verdadera brota de manera libre y silenciosa, como una flor que crece entre caminos compartidos, miradas que se entienden sin palabras, silencios que no incomodan.

Desde la antigüedad, el ser humano ha buscado en el otro algo más que compañía: ha buscado reflejo, sostén, alianza. Ha entendido, con el paso del tiempo, que no puede atravesar solo las estaciones de la vida. Y así, la amistad se vuelve hogar en medio del caos, faro cuando las certezas tiemblan.

A diferencia del amor romántico, la amistad no necesita declaraciones ni rituales. No pide pruebas constantes ni exige posesión. La amistad vive en lo cotidiano, en lo simple, en lo espontáneo. En un mensaje sincero, en una llamada inesperada, en un **"aquí estoy"** cuando el mundo parece irse abajo.

El ser humano encuentra en la amistad una forma de plenitud. Porque es en la presencia del amigo donde puede ser sin máscaras, sin defensas, sin apariencias. Con el amigo verdadero no hay que demostrar nada, solo estar. Y ese estar es una medicina que sana las heridas más silenciosas.

Muchos han confundido la amistad con utilidad, conveniencia o compañía pasajera. Pero la amistad verdadera va más allá. No se mide por el tiempo, sino por la profundidad. No se prueba en las fiestas, sino en los días grises. El verdadero amigo no solo aplaude tus logros, también sostiene tus caídas.

En un mundo donde la velocidad ha reemplazado a la presencia, donde los vínculos se miden en seguidores y no en intimidad, la amistad se vuelve un acto de resistencia. Mirar a los ojos, escuchar con el alma, compartir el silencio sin urgencia: esos gestos simples son hoy revolucionarios.

El amigo verdadero no intenta cambiarte, te acompaña mientras tú decides crecer. No impone, propone. No invade, respeta. No juzga, comprende. Y aunque a veces corrige, lo hace con amor, porque su intención no es herir, sino ayudar a florecer.

En los momentos de pérdida, la amistad es abrazo. En los días de triunfo, es alegría compartida. En las decisiones difíciles, es mirada que guía sin manipular. En la soledad, es voz que recuerda que no estás solo. Porque el amigo no se borra en la tormenta, se vuelve refugio.

Muchas personas pasan por nuestra vida, pero solo algunas dejan huellas profundas. No por lo que dijeron, sino por lo que significaron. La amistad verdadera no siempre es ruidosa, pero siempre es firme. Puede pasar tiempo sin verse, y aun así, sentirse intacta.

El alma reconoce a sus amigos. Hay encuentros que no se explican con lógica, sino con vibraciones internas. Como si algo dentro dijera: **"Este ser me entiende"**. Y desde ahí, sin grandes ceremonias, nace un pacto invisible que atraviesa los años, las distancias y los cambios.

La amistad también se construye. No es un estado fijo, sino una elección diaria. Se cultiva con honestidad, se riega con paciencia, se abona con presencia. Como toda relación viva, requiere cuidado. Pero el fruto que da es inmenso: una sensación de pertenencia que fortalece el alma... El amigo ve lo que tú no ves. No porque sea más sabio, sino porque te mira desde otro ángulo. Te recuerda quién eres cuando tú lo has olvidado. Te ayuda a recordar tu esencia cuando la vida te ha desfigurado. En su reflejo, puedes reconocerte sin juicio.

También hay amistades que sanan heridas del pasado. Presencias que llegan justo cuando el alma las necesita. Personas que no preguntan mucho, pero entienden todo. Que no pretenden salvarte, pero te acompañan mientras aprendes a salvarte tú mismo.

Y cuando se da esa conexión profunda, el ser humano ya no camina solo. Aunque esté físicamente solo, sabe que hay alguien en alguna parte que lo piensa, lo valora, lo respeta. Y ese saber le da fuerza, esperanza, dirección.

A veces, los amigos no son muchos. Y no tienen que serlo. Porque la amistad no se mide en cantidad, sino en verdad. Un solo amigo verdadero puede cambiar una vida. Puede detener un suicidio, inspirar una decisión, abrir una puerta interior que llevaba años cerrada.

En la amistad verdadera, no hay competencia, sino celebración mutua. No hay celos, sino admiración. No hay comparación, sino reconocimiento. Porque el amigo sabe que tu luz no apaga la suya; al contrario, la enriquece. Y esa es una forma elevada de amor.

En los días en que la fe tambalea, el amigo sostiene tu fe. En los días en que tu voz se apaga, el amigo canta por ti. En los días en que no encuentras sentido, el amigo se sienta contigo en el absurdo, sin prisa por resolverlo. Solo con su presencia, lo hace más llevadero.

La amistad verdadera es también un puente hacia lo espiritual. Porque nos recuerda que hay vínculos que el alma elige. Que hay almas que se reconocen más allá del tiempo, del nombre, del origen. Y en esa conexión, la vida se hace más suave, más habitable, más verdadera.

Por eso, quien encuentra un verdadero amigo, ha encontrado un tesoro que no envejece. Un lugar donde descansar, un espejo donde crecer, un compañero con quien cruzar los ríos más hondos. La amistad es una forma de amor sin condiciones, sin exigencias, sin fecha de vencimiento.

Y si hay algo que demuestra la perfección del ser humano, es su capacidad de dar y recibir amistad. Porque cuando dos almas se abrazan sin miedo, sin agenda, sin disfraces… se produce un milagro: el milagro de sentirse acompañado en la eternidad de la existencia.

Era un día tibio, de esos en que el sol no abruma y el viento se desliza con suavidad entre los árboles. Un hombre caminaba lentamente por un sendero de tierra, acompañado por sus dos fieles amigos: un perro de mirada noble y un caballo de paso firme. Iban en silencio, como si supieran que aquel trayecto era distinto, que algo había cambiado para siempre.

El hombre no recordaba con claridad qué había pasado. Solo sabía que caminaban, y que un vacío extraño envolvía el ambiente. No había otros caminos, ni voces, ni sonidos más allá del crujir de las hojas bajo sus pies y el resonar de las pisadas del caballo. Todo parecía suspendido entre el mundo y lo eterno.

Tras un buen trecho de andar, llegaron a una gran puerta majestuosa. El suelo era de mármol blanco, brillante como agua clara. Las columnas que la sostenían eran de oro pulido y alto como el cielo. Frente a la entrada, un guardia imponente los observaba con expresión solemne. El hombre se detuvo, admirado por la belleza del lugar.

—Has llegado a las puertas del cielo —dijo el guardia con voz grave—. Has muerto, y este es el umbral hacia la eternidad.

El hombre bajó la cabeza, sorprendido. Sintió que algo en su interior se estremecía. ¿Era este el final? ¿O un nuevo comienzo? Observó a su perro, que lo miraba con fidelidad inquebrantable, y al caballo, que resoplaba con calma a su lado. Entonces, el guardia habló de nuevo.

—Puedes entrar… pero tus animales no. Aquí no se permite la entrada a los animales. Tendrás que dejarlos atrás.

El hombre miró al guardia, luego a sus amigos. El perro lo había seguido en todas sus jornadas, dormido a sus pies en noches de frío, lamido sus heridas en los días de caída. El caballo había cargado su peso, sus provisiones, y lo había llevado a través de tormentas y desiertos. Eran más que compañía: eran parte de su alma.

—Lo siento, señor —dijo con respeto, pero con firmeza—. No entraré sin ellos. Si ellos no pueden pasar, entonces seguiré caminando.

El guardia no insistió. El hombre dio media vuelta, acarició la cabeza de su perro y rozó con ternura el lomo del caballo. Retomaron el sendero en silencio, dejando atrás la grandeza de aquella puerta. No sabían a dónde iban, pero sabían que no irían separados.

Caminaron por horas, tal vez días, aunque el tiempo ya no existía como antes. El paisaje cambió: el mármol se volvió tierra cálida, el oro se desvaneció entre árboles verdes y frondosos. A lo lejos, bajo la sombra de un árbol enorme, un anciano descansaba recostado, con los ojos entrecerrados y una sonrisa en el rostro.

El hombre se acercó con respeto, agotado y con la garganta reseca.

—Disculpe, señor —dijo—. Tengo sed. ¿Sabe si puedo beber en algún lugar?

El viejo abrió los ojos con calma, como si lo hubiera estado esperando.

—Claro que sí, hijo. Entra y bebe todo lo que necesites. También tus amigos pueden hacerlo. Aquí todos son bienvenidos.

El hombre lo miró con sorpresa. Se volvió hacia su perro y su caballo. Ellos también estaban sedientos, pero esperaban su señal. Dio unos pasos, observó un manantial claro que brotaba entre las piedras y sintió paz. Entonces preguntó:

—¿Cómo se llama este lugar?

El viejo sonrió, acariciando la corteza del árbol con una mano arrugada.

—Este lugar es el cielo —respondió con serenidad.

El hombre frunció el ceño. Su mente volvió a la puerta de mármol, al guardia severo, a las columnas doradas.

—Pero más abajo —dijo— hay una puerta enorme con un guardia que dice que aquel es el cielo… y que los animales no pueden entrar.

El viejo lo miró con compasión. Sus ojos brillaron con una sabiduría que parecía brotar de la misma tierra.

—Ese lugar no es el cielo. Es la prueba. Allí se quedan todos los que son capaces de abandonar a sus amigos por entrar en la eternidad.

El hombre sintió un nudo en la garganta. Acarició al perro, que ya bebía feliz, y al caballo, que se echaba en la hierba. Entonces comprendió que el cielo no era un lugar brillante, sino un vínculo eterno. Que no estaba hecho de mármol, sino de amor. Que no se entraba por puertas de oro, sino con el alma limpia de fidelidad.

Y así, bajo la sombra de ese árbol, junto a sus dos amigos, el hombre supo que había llegado. No porque lo dijera un guardia. No porque el lugar fuera hermoso. Sino porque allí, finalmente, estaba completo.

## Para Reflexionar

### La amistad, el cielo del alma

La amistad es ese lazo invisible que no se compra ni se vende,
es la fidelidad que no necesita promesas,
es un lenguaje antiguo que se habla con el alma
y se entiende en los silencios más profundos.

No hay cielo sin aquellos que caminaron contigo,
sin quienes te sostuvieron cuando tambaleabas,
sin los ojos que te miraron con verdad
cuando ni tú mismo sabías quién eras.

El amigo es testigo de tus días más humanos,
y en su compañía descubres
que no estás solo en el universo,
que tu historia vale porque alguien la recuerda.

Quien abandona por comodidad
nunca conoce la eternidad del vínculo,
pero quien ama hasta el final
camina entre la vida y el cielo con el alma en paz.

Porque no hay oro, ni mármol, ni puertas celestiales
que valgan más que un corazón que no traiciona.
Y al final del camino, solo los que aman así…
entran al cielo, aun sin saberlo.

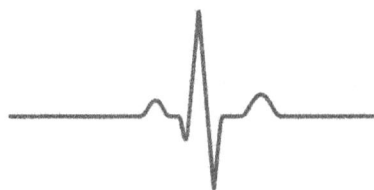

# Un don maravilloso

*Todos llevamos dentro un don que espera ser descubierto.*
*No es grande por su fama, sino por su capacidad de servir.*
*Un don es un susurro del cielo confiado a tus manos.*

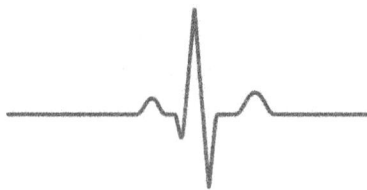

# Un don maravilloso

Todo ser humano nace con uno o más dones, aunque no siempre lo sepa. Un don no es solo una habilidad, ni algo extraordinario reservado para los genios o los santos. Un don es esa chispa interior que, al encenderse, ilumina no solo la propia vida, sino también la de otros.

Los dones no siempre son visibles a simple vista. Algunos cantan con fuerza y llenan teatros; otros escuchan en silencio y salvan almas en la sombra. Algunos transforman el mundo con ideas brillantes; otros lo hacen con una taza de café, un abrazo a tiempo o una palabra justa.

Descubrir un don es como descubrir un tesoro enterrado en el corazón. A veces aparece desde la niñez, en juegos, preguntas o pasiones naturales. Otras veces se revela en la adultez, después de muchas caídas y búsquedas. Pero siempre está ahí, esperando ser reconocido.

Un don no se impone, se manifiesta. No se fuerza, se revela. Es algo que fluye con naturalidad cuando el alma está alineada con su propósito. Por eso, cuando alguien vive su don, se nota: brilla. Y su presencia se convierte en un regalo, sin necesidad de hacer ruido.

Muchas veces, los dones se confunden con talentos. Pero mientras el talento puede ser perfeccionado con práctica, el don tiene algo de misterio. Es como un soplo divino que se entrega con propósito. No se mide solo por lo que haces, sino por el impacto invisible que dejas.

Desarrollar un don requiere atención, humildad y entrega. No basta con reconocerlo: hay que cultivarlo, nutrirlo, ponerlo al servicio. Un don que se guarda se marchita. Uno que se ofrece con generosidad, florece y da fruto en abundancia.

La sociedad muchas veces empuja a las personas a encajar, a competir, a producir. Y en ese afán, muchos olvidan su esencia. Apagan sus dones para sobrevivir. Pero el alma siempre recuerda. Por eso, cuando alguien no vive desde su don, siente vacío, frustración, desarraigo.

Vivir desde el don no significa tener una vida perfecta, pero sí una vida con sentido. El don da dirección, da motivo, da identidad. Es brújula en medio de la tormenta, es raíz en tiempos de cambio. Quien vive desde su don, aunque se equivoque, camina con el corazón en paz.

Los dones no están hechos para la vanidad. No son medallas, son herramientas. No son para elevarse sobre los demás, sino para servir. Cada don es una forma de amar. Cada vez que lo usamos con honestidad, estamos canalizando algo más grande que nosotros mismos.

No hay don pequeño. No hay uno más importante que otro. El que sabe consolar tiene un don tan valioso como el que cura enfermedades. El que canta desde el alma vale tanto como el que enseña con pasión. Lo que hace grande un don es el amor con que se entrega.

A veces, los dones emergen en medio del dolor. En una pérdida, en una caída, en un silencio largo. Como si el alma, al ser tocada por la herida, se volviera más sensible a lo que vino a entregar. Es entonces cuando nace la compasión, la empatía, el arte más profundo.

Muchas personas caminan sin saber que llevan dentro un don maravilloso. No porque no lo tengan, sino porque nunca se les dijo que lo buscaran. O porque se les hizo creer que no valía la pena. Pero basta una palabra de aliento, una oportunidad, una experiencia transformadora para que ese don despierte.

El proceso de descubrimiento no siempre es rápido. A veces hay que probar, explorar, fallar, empezar de nuevo. Pero cada paso es parte del camino. Y cuando finalmente se enciende la llama, el corazón lo sabe: *"Esto es lo que vine a hacer. Esto soy yo, en esencia"*.

Vivir desde el don no es vivir sin miedo, pero sí es vivir con verdad. Es escuchar la voz interior por encima del ruido externo. Es seguir la intuición cuando el mundo duda. Es tener el coraje de ser auténtico, aun cuando eso implique ir contra la corriente.

Quienes viven desde su don se vuelven luz para otros. No porque busquen seguidores, sino porque su autenticidad inspira. Porque el alma humana, al ver a otra expresarse con verdad, recuerda su propio llamado. Y esa memoria es poderosa: despierta vocaciones dormidas.

También hay quienes usan sus dones para el mal. Porque todo poder tiene dos caminos. Por eso, el don necesita guía interior, humildad y conciencia. Sin amor, incluso el talento más brillante puede volverse arma. Pero con amor, hasta el gesto más simple se convierte en milagro.

Los niños son maestros en reconocer los dones. No les interesa cuánto dinero produces ni cuántos títulos tienes. Se sienten atraídos por la luz, por la verdad, por la ternura. Ellos perciben cuando alguien vive desde el alma. Y eso los conecta con su propia esencia.

Un mundo donde cada persona viva desde su don sería un mundo más humano, más justo, más bello. Porque cada uno estaría aportando desde lo que ama, desde lo que es, desde su parte más luminosa. Y no habría competencia, sino colaboración entre almas despiertas.

Por eso, descubrir y vivir un don no es un lujo: es una responsabilidad. Una misión sagrada. Una forma de agradecer la vida, y al mismo tiempo, de dignificarla. Porque cuando un ser humano vive desde su don… el universo sonríe. Y el corazón encuentra su hogar.

Desde pequeño, Elías sentía algo especial cuando estaba solo con papel y lápiz. Mientras otros niños corrían detrás de balones, él llenaba cuadernos con dibujos, rostros, pájaros y paisajes que solo existían en su imaginación. Dibujar era su refugio. Un acto secreto, íntimo, como si algo dentro de él tomara vida en cada trazo.

Pero a medida que crecía, esa pasión fue callada. Su padre decía que eso no daba de comer, que los hombres de verdad trabajaban con las manos, no con sueños. Su madre, aunque más suave, le pedía que se concentrara en **"cosas serias"**. Así, poco a poco, Elías guardó sus lápices en un cajón y trató de encajar en lo esperado.

Terminó trabajando en una carpintería. Era bueno con la madera, disciplinado, cumplidor. Pero cada día sentía que algo dentro se apagaba. Vivía con una tristeza sin nombre. No era infeliz, pero tampoco era él mismo. Se había convertido en lo que los demás esperaban, no en lo que su alma pedía.

Una tarde, mientras limpiaba el taller, encontró un pedazo de cartón liso. Sin pensarlo, buscó un lápiz y comenzó a dibujar. Sus manos se movían como si no hubieran olvidado nada. Era un rostro, una expresión profunda, unos ojos llenos de vida. Al terminar, sintió algo que hacía años no sentía: verdad.

Desde ese día, comenzó a dibujar en secreto, cada noche, después del trabajo. Al principio lo hacía con miedo, como si estuviera cometiendo un acto prohibido. Pero cada trazo le devolvía vida. Su espíritu comenzaba a despertar. Dormía mejor, sonreía más, sentía algo parecido a esperanza.

Un domingo, su sobrina pequeña lo descubrió dibujando en el patio. Se acercó en silencio, y tras observar unos minutos, dijo: **"Tío, ¿puedes dibujarme con mi perrito?"**. Elías sonrió y aceptó. Hizo el retrato con amor. Cuando se lo entregó, la niña corrió emocionada a mostrárselo a su madre.

Al día siguiente, su cuñada le pidió que hiciera otro dibujo, esta vez para una amiga. Luego fue el vecino. Luego, la maestra de la escuela. Sin buscarlo, Elías comenzó a llenar su comunidad de rostros dibujados con alma. No eran retratos perfectos, pero transmitían algo especial: ternura, luz, verdad.

Una tarde, una mujer mayor le pidió que dibujara a su hijo fallecido, usando solo una foto antigua. Elías aceptó con respeto. Al entregarle el dibujo, ella rompió en llanto. Lo abrazó sin decir palabra. Ese día, Elías entendió que su don no era solo dibujar: era tocar el alma a través de un lápiz.

Tiempo después, abrió una pequeña galería en el mismo taller donde antes solo cortaba madera. Las paredes se llenaron de rostros, historias, emociones. Niños, ancianos, familias enteras venían a buscarse en su trazo. No solo por el arte, sino por lo que sentían al verse dibujados: valiosos.

Elías nunca estudió arte. Nunca viajó lejos. Nunca fue famoso. Pero había recuperado su don. Y con él, su identidad. Ya no necesitaba esconder su lápiz ni justificar su pasión. Ahora entendía que eso que lo hacía sentir vivo desde niño no era un capricho… era una misión.

Muchos le preguntaban cómo había aprendido. Él siempre respondía lo mismo: *"Yo no aprendí. Solo recordé quién era"*. Porque el don, cuando es verdadero, no se inventa. Se despierta. Se limpia del polvo de los miedos, las exigencias, los juicios. Y entonces… brilla.

Su historia comenzó a inspirar a otros. Jóvenes que habían dejado de cantar, mujeres que dejaron de escribir, hombres que pensaban que ya era tarde para empezar. Al ver a Elías, entendían que el don nunca muere. Solo duerme, esperando a que uno tenga el valor de volver a abrazarlo.

Una noche, mientras cerraba su taller, un joven se acercó con los ojos húmedos. Le entregó un papel doblado. Era un poema. Le dijo: **"Usted me hizo recordar que yo también tengo algo que dar. Gracias por no guardar su don. Porque al usarlo… despertó el mío"**.

Elías guardó ese papel como su tesoro más preciado. No por vanidad, sino por certeza. Porque supo, con el alma, que cada dibujo que había hecho era una semilla. Y que en el campo invisible del espíritu humano, esos trazos florecerían de formas que él nunca imaginaría.

El tiempo siguió su curso. Las arrugas llegaron a su rostro. Las manos temblaban un poco más. Pero el lápiz seguía firme. Porque mientras el cuerpo envejecía, el alma rejuvenecía con cada trazo, con cada historia, con cada persona que volvía a creer en sí misma gracias a un retrato sincero.

El día que Elías partió de este mundo, su pequeño taller estaba lleno de flores, dibujos y cartas. Gente de todas partes vino a agradecerle. No por haber sido un gran artista, sino por haber sido un canal. Un hombre sencillo que se atrevió a vivir desde su don... y con ello, tocó cientos de almas.

Y así, su historia quedó viva. No en monumentos, sino en corazones. Porque cuando un don se ofrece con amor, trasciende el tiempo. Se convierte en legado. Se convierte en luz. Y Elías, el hombre que una vez escondió sus lápices, se convirtió en inspiración para que otros... también despertaran los suyos.

## Para Reflexionar

### El don que despierta la vida

Todos traemos un don escondido,
como una luz dormida en el rincón del alma.
No siempre brilla a tiempo,
pero nunca se apaga del todo.

Es esa pasión que nace sin pedir permiso,
el talento que consuela, inspira o transforma.
No siempre da dinero,
pero siempre da sentido.

El don no es para lucirse,
es para ofrecerse.
No es para ser admirado,
es para ser compartido.

Cuando un ser humano lo descubre
y lo entrega con amor,
el universo se ordena,
la esperanza respira,
y alguien, en algún lugar,
recuerda que también tiene algo que dar.

Porque cuando un don se despierta,
no solo florece una vida…
florecen muchas.

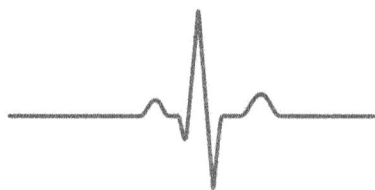

# Antes de la sabiduría

*Antes de la sabiduría, hay silencio. Hay errores. Hay heridas.*
*El verdadero saber no se memoriza, se atraviesa.*
*Y solo el que se atreve a vivir con los ojos del alma... aprende de verdad.*

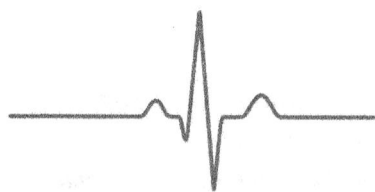

# Antes de la sabiduría

Antes de que la sabiduría se asiente en el alma, el ser humano debe caminar por sendas ásperas, inciertas y, muchas veces, solitarias. Porque la sabiduría no se hereda ni se imita; se conquista a través de la vida. Y antes de alcanzarla, hay un territorio vasto hecho de errores, silencios y aprendizajes.

Nadie nace sabio. Nacemos curiosos, sensibles, abiertos. Pero es el paso del tiempo, con sus pruebas y sus pausas, el que nos va enseñando. Antes de comprender, muchas veces juzgamos. Antes de aceptar, solemos resistir. Y antes de ver con claridad… tropezamos en la niebla de lo propio.

El orgullo es uno de los primeros velos que impide ver. Creer que se sabe, cuando en realidad se está lejos de entender. La sabiduría solo empieza a brotar cuando se acepta que no se sabe todo, que se necesita escuchar, que otros también tienen verdades que nos completan.

La verdadera sabiduría comienza con la humildad. No con títulos, ni discursos, ni años vividos. Hay ancianos necios y niños sabios. Porque la sabiduría no es solo experiencia, sino capacidad de mirar con profundidad, de reconocer lo esencial, de discernir sin herir.

Antes de que alguien se vuelva sabio, probablemente ha sido terco, impulsivo, distraído. Y está bien. Porque el alma necesita pasar por el fuego para brillar. Solo quien se ha equivocado puede comprender de verdad. Solo quien ha llorado, puede consolar con autenticidad.

Muchos buscan sabiduría como si fuera un trofeo, pero ella se esconde de los que la desean para aparentar. Se acerca, en cambio, a los que caminan con el corazón abierto, a los que no temen desaprender, a los que saben que aún no saben.

La sabiduría no siempre habla. A veces calla. Porque sabe que no todo debe decirse, y que no todos los oídos están listos. También sabe cuándo abrazar en vez de corregir, cuándo esperar en vez de intervenir, cuándo mirar en vez de señalar.

Antes de que el juicio sea justo, viene la experiencia. Antes de la palabra certera, viene el silencio. Antes de ver la luz, hay que atravesar la sombra. Por eso, nadie llega a la sabiduría por casualidad. Es un fruto que madura con tiempo, dolor y amor.

La vida es maestra, aunque muchas veces enseña sin avisar. Nos pone frente a personas, situaciones, pérdidas o decisiones que pulen el carácter. Cada prueba que no entendimos en su momento, tenía un propósito. Y cada vez que elegimos aprender, en vez de culpar, dimos un paso hacia la sabiduría.

Pero antes de eso, muchos momentos duelen. El ego se resiste. Las emociones nos arrastran. Las decisiones se toman desde la reacción, no desde la conciencia. Y cuando todo se desmorona, es cuando el alma pregunta: **"¿Qué tengo que ver aquí? ¿Qué debo aprender?"**

La sabiduría no siempre viene con respuestas. A veces viene con nuevas preguntas. Más amplias. Más profundas. Preguntas que nos obligan a mirar más allá de nosotros mismos, del momento, de la superficie. Y esas preguntas son el inicio de un despertar.

La sabiduría se nutre de la observación. De ver a otros sin juzgar. De vernos a nosotros mismos con honestidad. De reconocer patrones, de soltar máscaras, de aceptar que no siempre fuimos justos, que no siempre supimos amar bien, que también hicimos daño.

Antes de sabios, somos aprendices. Y no hay nada más hermoso que ser aprendiz con el alma abierta. Porque ahí todo se convierte en lección: una conversación, un error, una noche de insomnio, una despedida. La vida se vuelve libro, y cada página... enseñanza.

Quien reconoce que no sabe, ya ha dado un paso hacia la sabiduría. Porque hay más luz en el reconocimiento humilde que en la certeza arrogante. Y muchas veces, quien calla y observa entiende más que quien habla sin pausa.

El tiempo ayuda, pero no garantiza. No se es sabio solo por los años, sino por lo que se ha hecho con ellos. El tiempo vivido con atención se convierte en claridad. El tiempo vivido en automático solo deja cansancio. Por eso hay jóvenes con alma vieja, y ancianos que aún no han despertado.

Antes de que la sabiduría nos habite, tenemos que vaciarnos de prejuicios, de certezas falsas, de necesidades de control. Hay que dejar espacio para lo nuevo, para lo diferente, para lo incómodo. Porque la sabiduría llega donde hay tierra fértil, no donde todo está endurecido.

Quien desea sabiduría debe amar la verdad más que la comodidad. Y eso implica mirar hacia dentro con honestidad, reconocer la herida, el error, la sombra. No para quedarse allí, sino para transformarlo. Porque no hay sabiduría sin transformación interior.

En el camino hacia la sabiduría, no hay atajos. Cada paso es necesario. Cada caída tiene sentido. Cada silencio guarda un mensaje. Y cada alma tiene su propio ritmo. Nadie es menos por ir más lento. Lo importante es avanzar con sinceridad.

Y entonces, un día, sin saber cuándo, alguien te mira, y sin que digas nada… siente paz. Siente claridad. Y no porque sepas todo, sino porque has vivido con el corazón despierto. Porque comprendiste que antes de ser sabio… tuviste que ser humano.

Andrés era un hombre brillante. Desde joven había sobresalido por su capacidad lógica, su memoria prodigiosa y su aguda manera de razonar. En la universidad lo admiraban; sus profesores lo citaban; sus colegas lo temían. Se movía entre palabras complejas y argumentos demoledores como pez en el agua.

A los treinta ya era consultor de empresas, conferencista invitado y autor de un libro exitoso. Su inteligencia se había convertido en su escudo, su identidad, su única verdad. Miraba con desprecio todo lo que no podía probarse con números o teoría. Lo espiritual le parecía evasión. Lo emocional, una debilidad.

Pero la vida, sabia y paciente, esperó el momento oportuno. Andrés no sabía amar, solo controlar. No sabía escuchar, solo argumentar. No sabía detenerse, solo conquistar. Hasta que todo lo que había construido comenzó a derrumbarse desde dentro, sin que él pudiera entender por qué.

Primero fue el vacío. Luego, la pérdida de su padre. Después, una ruptura amorosa que lo dejó desorientado. Y finalmente, un colapso de ansiedad en medio de una presentación. Por primera vez, sus palabras no salieron. Su mente, tan entrenada, no encontró respuestas.

Se refugió en su casa, evitó llamadas, rechazó ofertas. Durante semanas, no pudo escribir una sola línea. Lo que antes lo definía, ahora lo ahogaba. Y en ese abismo, comenzó a surgir una pregunta que nunca antes se había hecho: **"¿Qué he hecho con mi alma?"**

Fue entonces cuando recordó a Clara, una bibliotecaria mayor que había conocido años atrás en la universidad. Ella solía decirle que la sabiduría no estaba solo en los libros, sino en el silencio, en la vida, en la humildad de aprender. Él la había escuchado con cortesía, pero nunca en serio.

Movido por una mezcla de nostalgia y necesidad, fue a buscarla. La encontró en la misma biblioteca de siempre, con su cabello blanco y su mirada tranquila. Al verlo, Clara solo sonrió y le dijo: **"Has llegado. No a mí. A ti mismo"**.

Andrés se quebró. Le contó todo: sus logros, sus pérdidas, su miedo. Clara lo escuchó sin interrupciones. Luego lo invitó a regresar cada semana, no para hablar, sino para leer libros distintos: filosofía antigua, poesía, espiritualidad, historias de vida. Al principio, Andrés los rechazaba. Pero algo en su alma se iba abriendo.

Pasaron los meses. Andrés volvió a caminar lento, a escribir a mano, a observar las personas sin analizarlas. Empezó a asistir a grupos de conversación, no como experto, sino como oyente. Por primera vez, preguntaba sin intentar responder, escuchaba sin necesidad de debatir.

En uno de esos encuentros, una joven madre le compartió cómo había aprendido más de su hijo autista que en todos sus años de universidad. Andrés la escuchó con lágrimas en los ojos. Comprendió que había vivido acumulando información, pero sin conectar con la esencia humana.

Poco a poco, su lenguaje cambió. Usaba menos tecnicismos, más metáforas. Hablaba más despacio. Su mirada era más suave. Ya no necesitaba tener la razón, sino comprender. No buscaba impresionar, sino conectar. Lo que antes era intelecto… ahora era conciencia.

Comenzó a dar charlas nuevamente, pero ya no en auditorios de lujo. Iba a escuelas rurales, a centros comunitarios, a cárceles. Su mensaje no era sobre estrategias, sino sobre el valor de mirar hacia dentro, de reconocer la propia ignorancia, de abrazar la vulnerabilidad como puerta de sabiduría.

Un día, Clara lo miró con ternura y le dijo:
—Andrés, ahora sí eres sabio.
Él, sorprendido, le preguntó cómo lo sabía.
Ella respondió:
—Porque ya no necesitas que te lo digan.

Con los años, Andrés escribió otro libro. No sobre negocios, sino sobre la vida. Lo tituló: "Lo que aprendí cuando dejé de saberlo todo". Fue leído en silencio, pasado de mano en mano, subrayado en bibliotecas públicas. No vendió millones, pero tocó almas. Y eso era suficiente.

Andrés ya no era el hombre de antes. Su inteligencia seguía allí, pero al servicio de algo más grande: la compasión. Ya no deslumbraba. Iluminaba. No buscaba convencer. Inspiraba. Y su presencia, sin decir mucho, transmitía paz.

Había pasado de ser un hombre brillante... a ser un hombre sabio. Porque había comprendido que antes de toda sabiduría, debe haber rendición. Y en su caso, esa rendición no fue derrota, sino nacimiento. El nacimiento de su verdadera esencia.

## *Para reflexionar*

### Antes de la sabiduría

Antes de la sabiduría,
viene el ruido de la propia voz,
el orgullo disfrazado de certeza,
la mirada que no ve,
y el juicio que no comprende.

Antes de la sabiduría,
se tropieza con la propia sombra,
se construyen muros con libros,
se disfrazan vacíos con aplausos,
y se confunde razón con verdad.

Pero un día,
el alma se cansa de aparentar,
la mente se quiebra de tanto sostener
y el corazón,
a solas, pide nacer de nuevo.

Es entonces,
cuando el silencio se vuelve maestro,
cuando escuchar vale más que hablar,
cuando lo simple enseña,
y la herida, en vez de doler... revela.

Solo quien se rinde ante su ignorancia,
puede ser tocado por la sabiduría.
Solo quien se ha perdido,
puede guiar con amor.
Solo quien ha callado,
puede hablar desde el alma.

Y así,
sin títulos ni aplausos,
la sabiduría llega...
como una brisa,
como una mirada,
como una verdad que no grita,
pero lo transforma todo.

# Cómplices hasta el fracaso

*Hay vínculos que se forjan en la lealtad, y otros que se revelan en la caída.*
*Ser cómplices no es solo celebrar juntos, sino también asumir los tropiezos con dignidad.*
*Incluso el fracaso revela quién se queda… y quién siempre estuvo.*

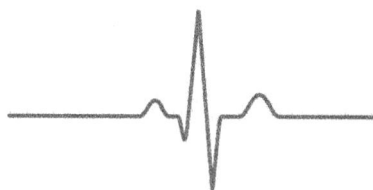

# Cómplices hasta el fracaso

Existen vínculos que no nacen del amor, sino del miedo. No se construyen sobre la verdad, sino sobre pactos invisibles de silencio, de necesidad, de confusión. Son relaciones que se disfrazan de lealtad, pero que, en el fondo, atan, frenan, destruyen. Son complicidades que terminan en fracaso.

No todos los que caminan con nosotros lo hacen por un propósito sano. Algunos nos acompañan porque temen quedarse solos, otros porque se sienten seguros en la mediocridad compartida, y algunos... porque mientras nos mantengamos dormidos, no tendrán que despertar ellos tampoco.

Ser cómplice no siempre implica malicia. A veces es solo inmadurez. A veces es miedo a perder al otro. A veces es ceguera emocional. Pero cuando dos almas se unen para sostener una mentira, una evasión o una adicción, el camino solo puede terminar en un lugar: en la caída.

Hay amistades que parecen profundas, pero en realidad están sostenidas por el resentimiento común. Critican a los mismos, se ríen de los mismos, desprecian lo que los desafía. Se alimentan mutuamente de veneno emocional, y al final, terminan destruyéndose... juntas.

En las parejas ocurre lo mismo. Hay amores que no se basan en el crecimiento, sino en el apego. Vínculos donde uno no puede brillar sin apagar al otro, donde ser uno mismo es visto como traición. Y se elige el **"estar juntos"** a cualquier costo, incluso al costo de perderse.

El problema con las complicidades tóxicas es que no se notan al principio. Parecen apoyo, parecen comprensión. Pero lentamente, te exigen dejar partes de ti en la puerta. Y cuando ya has cedido demasiado, te das cuenta de que ya no sabes quién eres sin esa persona.

Ser cómplice de alguien que se autodestruye, sin decir nada, es una forma de abandono disfrazada de lealtad. Porque el amor verdadero no encubre, no justifica, no calla por miedo. El amor verdadero confronta, aunque duela. Dice la verdad, aunque arriesgue la relación.

Hay personas que fracasan no por falta de talento, sino por las voces que eligieron escuchar. Rodearse de quienes no creen en tu crecimiento es caminar con los pies atados. El alma se intoxica de lo que absorbe. Y muchas veces, las caídas no son por el peso propio, sino por la carga ajena.

También somos cómplices de nuestro propio fracaso cuando nos rodeamos de personas que nos adulan pero no nos corrigen, que nos acompañan solo en la comodidad, que celebran nuestras excusas pero no nuestro despertar. La verdadera amistad te impulsa, no te adormece.

Muchos fracasan juntos no por maldad, sino por miedo al cambio. "Si tú cambias, yo ya no sé quién soy contigo", parece decir el alma. Y entonces pactan mantenerse rotos, heridos, dormidos… para no perder la conexión. Pero esa conexión no es amor: es codependencia.

A veces, el mayor acto de amor es alejarse. No por orgullo, sino por conciencia. Porque quedarse sería perpetuar una dinámica enferma. Porque hay vínculos que no sanan juntos, sino separados. Y porque el verdadero amor empieza por la fidelidad a uno mismo.

No todos están listos para caminar contigo cuando decides despertar. Y eso está bien. No todos deben hacerlo. Algunos llegaron para un tramo. Otros fueron lecciones. Y unos pocos… serán los que te acompañen hasta el final, no como cómplices, sino como compañeros conscientes.

El fracaso compartido puede ser el espejo más duro. Porque te muestra no solo tus errores, sino los pactos invisibles que hiciste con otros para no avanzar. Pactos de comodidad, de victimismo, de falsa humildad. Romper esos pactos es romper con versiones de ti que ya no sirven.

Las caídas duelen más cuando son en grupo. Porque no solo caes tú, sino tus creencias, tus idealizaciones, tu necesidad de pertenecer. Pero también es ahí donde el alma tiene la oportunidad de despertar. Donde puede elegir no seguir justificando lo injustificable.

Ser cómplice del otro puede ser una trampa disfrazada de lealtad. Pero también puede ser una elección que se transforma. Porque cuando uno decide salir del círculo, aunque el otro no lo entienda, planta una semilla de verdad. Y a veces esa semilla también florece... con el tiempo.

La sabiduría no solo está en saber con quién caminar, sino también en saber cuándo detenerse, cuándo soltar, cuándo decir: **"hasta aquí"**. Porque no se trata de salvar a todos, sino de no perderse a uno mismo en el intento.

El amor real no quiere cómplices. Quiere aliados. Personas que te digan la verdad con ternura. Que te celebren cuando creces. Que te reten cuando te estás engañando. Que te acompañen... no hacia el abismo, sino hacia la luz.

Si alguna vez fuiste cómplice de tu propio estancamiento, perdónate. Si fuiste cómplice del dolor de otro por no hablar, perdónate. Pero ahora que lo sabes, no repitas el ciclo. Haz de tu camino uno más consciente. Porque no viniste a fracasar acompañado, sino a florecer despierto.

El verdadero crecimiento comienza cuando dejas de buscar quien te aplauda en la oscuridad, y eliges rodearte de quienes te acompañan a caminar hacia la verdad. Aunque cueste. Aunque duela. Aunque te deje más solo al principio. Porque esa soledad... es el umbral de la libertad.

Luis y Marcos eran inseparables desde la adolescencia. Compartían risas, secretos, fiestas y también dolores que nunca se decían en voz alta. Ambos venían de hogares fracturados, y encontraron en su amistad una especie de refugio donde nadie juzgaba, donde ser imperfecto era permitido.

Con el tiempo, sus caminos no se dividieron, sino que se entrelazaron más. Entraron a trabajar juntos en el mismo taller mecánico, salían cada viernes, se cubrían las espaldas en todo. Se defendían mutuamente, incluso cuando sabían que lo que hacían no estaba bien. Porque, en el fondo, esa lealtad los sostenía.

Cuando uno fallaba en el trabajo, el otro encubría. Cuando alguno mentía en casa, el otro juraba que era cierto. Cuando el dinero no alcanzaba, se apoyaban… pero también se empujaban al gasto, a las decisiones impulsivas, a la queja constante. Se habían convertido en cómplices del estancamiento.

Luis tenía talento con las manos. Sabía reparar cualquier cosa, incluso sin formación. Más de una vez le ofrecieron mejorar, estudiar, formalizar su oficio. Pero siempre decía lo mismo: **"¿Y dejar a Marcos atrás? Él no quiere cambiar… y yo no quiero cambiar sin él"**.

Marcos, por su parte, era más cerrado. Vivía con una rabia silenciosa hacia la vida. Cada vez que Luis intentaba superarse, le lanzaba frases disfrazadas de broma: **"Ah, ¿y ahora eres mejor que nosotros?"**, **"No te vayas a creer sabio ahora…"**. Luis reía, pero por dentro sentía el peso.

Años pasaron. Nada cambiaba. Luis comenzó a sentirse cada vez más vacío. El taller ya no le motivaba. Las salidas con Marcos eran repetitivas. Se reía sin ganas. Soñaba despierto con tener su propio espacio, con construir algo. Pero el miedo a la soledad lo detenía.

Una noche, tras una fuerte discusión con Marcos por un malentendido, Luis se fue caminando solo. Se sentó en una banca del parque donde solían ir de adolescentes. Recordó quién era, lo que soñaba. Y se hizo una pregunta que nunca antes se había permitido: **"¿Qué estoy esperando para ser yo mismo?"**

Al día siguiente, sin grandes palabras, habló con su jefe y pidió una recomendación. Empezó a formarse en un programa técnico. Fue difícil. Se sintió solo. Marcos apenas le hablaba. Sus amigos comunes comenzaron a alejarse. Pero por primera vez en años, Luis dormía con paz.

Marcos se burlaba: **"Ya verás que te vas a estrellar. Todo esto es una fantasía".** Luis solo lo miraba con compasión. Ya no se enojaba. Ya no discutía. Había entendido que no todos están listos al mismo tiempo. Y que mantenerse pequeño para no incomodar al otro… no era amor.

Con esfuerzo, Luis montó su propio taller. Al principio no llegaban clientes, pero su honestidad y dedicación comenzaron a destacarse. Poco a poco, lo que parecía un salto al vacío se transformó en un espacio de dignidad y propósito.

Pasaron los años. Un día, Marcos apareció en la puerta del taller. Tenía la mirada cansada. El cuerpo más pesado. Pero algo en su expresión pedía perdón. No dijo mucho. Solo extendió la mano y dijo: **"Al final, sí podías… y yo fui el primero en ponerte piedras. Perdóname."**…Luis lo abrazó sin rencor. Porque había entendido que lo que los unía no era el fracaso, sino la historia. Y que la verdadera lealtad no era quedarse atado, sino abrir camino. Porque cuando uno se libera, también le muestra al otro que es posible.

Marcos no cambió de inmediato. Pero empezó a ir los fines de semana. Observaba, ayudaba. Luis no lo presionaba. Sabía que cada uno tiene su proceso. Lo importante era que la complicidad tóxica ya no los unía. Ahora había respeto, verdad… y una nueva forma de amistad.

Esa historia fue contada años después por Luis, en una charla comunitaria sobre emprendimiento. No habló de cifras, ni de éxito económico. Habló de vínculos, de miedos, de decisiones. Dijo una frase que quedó grabada en quienes lo escucharon: "El día que dejé de ser cómplice del fracaso… **fue el día que comencé a vivir."**

Y esa noche, cuando cerró su taller, escribió en la pared interna, donde solo él podía verlo:

**"El verdadero amigo no te aplaude en la oscuridad. Te alumbra, aunque al principio te duela."**

## Para Reflexionar

### Cómplices hasta el fracaso

Hay caminos que se caminan con otros,
pero no todos los pasos son de verdad.
Hay quienes van a tu lado,
no para elevarte…
sino para que no los dejes atrás.

A veces, el amor se disfraza de costumbre,
la lealtad se vuelve cadena,
y la compañía…
se convierte en trinchera contra el cambio.

Pero llega un día en que el alma despierta,
y se pregunta en silencio:
**¿cuánto he dejado de ser por no incomodar?,**
**¿cuántos sueños guardé por miedo a avanzar?**

El verdadero amigo no teme verte volar.
El verdadero amor no te pide que te niegues.
El verdadero vínculo no fracasa contigo…
crece contigo.

Y si al soltar una mano,
descubres que caminas más liviano,
no fue traición.
Fue libertad.

Porque nadie vino al mundo a ser cómplice del dolor,
sino compañero del despertar.

# Séptimo canto

# Devastados pero agradecidos

*No todo lo roto está perdido.*
*A veces, lo que nos derrumba también nos muestra de qué estamos hechos.*
*Hay gratitud que nace no por lo que se ganó, sino por lo que el alma resistió.*

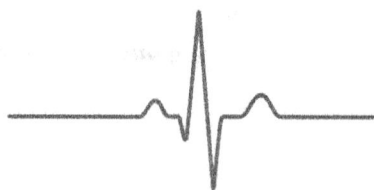

# Devastados pero agradecidos

Hay momentos en la vida en los que todo se derrumba. La salud, el amor, la familia, los planes. Nada parece tener sentido. Lo que ayer parecía sólido, hoy se desmorona. Y uno se queda ahí, en medio del polvo y el silencio, preguntándose si algún día volverá a levantarse.

En ese punto, la gratitud parece una locura. **¿Cómo agradecer cuando se ha perdido tanto? ¿Qué sentido tiene hablar de luz si todo es oscuridad?** Pero es justamente ahí, en el centro de la devastación, donde el alma empieza a ver con otros ojos… si se atreve a mirar más allá del dolor.

No se trata de negar lo que duele, ni de romantizar el sufrimiento. Se trata de reconocer que el alma humana tiene una fuerza que solo aparece cuando todo lo demás se cae. Una voz que no se escucha en la abundancia, pero que grita en el vacío: **"Sigue… aún estás vivo."**

Ser devastado no es el final. Es el umbral. Es la puerta que se abre cuando las anteriores se han cerrado. Cuando ya no queda nada que proteger, el alma se muestra desnuda… y libre. Porque en ese punto ya no hay máscaras, ni apariencias. Solo verdad.

Es en el dolor donde descubrimos lo que realmente importa. No lo que teníamos, sino lo que somos. No lo que queríamos lograr, sino lo que necesitamos sanar. No lo que los demás esperan, sino lo que el corazón pide a gritos cuando por fin se le escucha.

La devastación limpia. Quita el ruido. Arrasa con lo superficial. Duele, sí. Mucho. Pero también revela. Nos muestra qué amistades eran reales, qué fuerzas teníamos guardadas, qué fe seguía viva. Nos obliga a replantear, a soltar, a reconstruir desde adentro.

La gratitud que nace después del caos no es la del que tiene todo. Es la del que no tiene casi nada… y aun así respira. La del que ha visto la muerte de cerca, pero ha elegido seguir. La del que ha perdido, pero no se ha perdido a sí mismo. Esa gratitud no es frágil: es sagrada.

Quien ha tocado fondo sabe lo que es valorar el pan, el abrazo, el silencio, la compañía sincera. Aprende a agradecer sin motivo, sin espectáculo. Porque ahora entiende que la vida no se mide por lo que tiene, sino por lo que se aprende a amar, incluso en medio del dolor.

La gente más luminosa no es la que nunca ha sufrido. Es la que ha caminado por el fuego y ha salido con el alma más blanda, no más dura. Es la que ha sido devastada... pero ha elegido agradecer, no por lo perdido, sino por lo que descubrió en medio de las ruinas.

Agradecer no significa conformarse. Significa comprender. Comprender que cada prueba tiene un mensaje. Que no todo tiene que ser entendido para ser valioso. Que el sufrimiento, cuando se atraviesa con conciencia, se transforma en compasión, en propósito, en paz.

Muchos no entienden la gratitud después de la tormenta. Creen que es resignación. Pero es al revés. Es rebelión espiritual. Es elegir ver la luz cuando todo dice que no. Es decir: *"Gracias"* incluso con lágrimas en los ojos, porque algo dentro sabe que no todo está perdido.

La devastación cambia prioridades. Cambia ritmos. Cambia la forma de ver el mundo. Ya no hay prisa, ya no hay necesidad de demostrar. Se empieza a vivir más despacio, más profundo, más presente. Cada día se vuelve un regalo, no una rutina.

Las cosas más pequeñas se vuelven milagros. El café caliente. La risa de un niño. El sonido del viento. La mano de alguien que no se fue. El cuerpo que todavía camina. El corazón que aún late. Y ahí, en medio de lo simple, se enciende una gratitud que antes no existía.

No es una gratitud de calendario. Es una gratitud de alma. No se publica. Se respira. Se vive. Se convierte en una forma de mirar, de hablar, de caminar por la vida sin tanta exigencia. Y lo más hermoso: se contagia. Porque quien agradece desde las cenizas... ilumina.

La devastación también nos acerca a lo espiritual. A lo eterno. Nos recuerda que no todo está bajo nuestro control. Y en esa rendición, algo se abre. Llamémosle fe, presencia, Dios, energía… da igual el nombre. Lo importante es que el alma deja de estar sola.

Desde ese punto, la vida ya no se vive igual. Uno aprende a soltar más rápido, a amar más hondo, a pedir menos, a dar mejor. Aprende que no se trata de tener todo resuelto, sino de estar disponible para vivir con el alma despierta.

Y así, lentamente, quien fue devastado comienza a reconstruirse. No como antes, sino mejor. Más auténtico. Más compasivo. Más sabio. Porque ahora su mirada viene del abismo… y desde allí, ha aprendido a ver lo esencial.

No todo se repara. No todo vuelve. Pero hay una fuerza nueva que lo sostiene. Una gratitud que no se negocia. Una paz que no depende de circunstancias. Una certeza profunda: *"No soy lo que perdí. Soy lo que descubrí al perderlo."*

Y entonces, lo que parecía final… se convierte en origen. El lugar donde todo se acabó… se vuelve tierra fértil. Y desde ahí, se empieza a vivir diferente. No porque ya no duela. Sino porque ahora, incluso devastado… el alma ha aprendido a decir: *"Gracias".*

Lucía tenía una vida aparentemente estable: una familia, un empleo fijo, una casa en orden. Cada mañana se levantaba a las 6:00 a.m., preparaba el desayuno, vestía a sus hijos, tomaba el autobús y trabajaba ocho horas en una oficina donde todos la veían como una mujer fuerte y organizada.

Pero dentro de ella, algo se agrietaba. Había dejado de escucharse hacía años. Vivía en función de los demás, guardando dolores, tragando silencios. Su matrimonio era frío, su cuerpo estaba cansado, y su alma… silenciosamente devastada.

Todo cambió un viernes. Su esposo llegó con maletas. Se iba. Había otra persona. Lucía apenas respiró. No lloró. No gritó. Se quedó quieta, como si la vida se hubiera congelado. Solo lo vio irse. Y cuando la puerta se cerró, sintió que algo en su interior se desmoronaba por completo.

Los días siguientes fueron un torbellino. Papeleo, preguntas de los niños, llamadas que no quería contestar. En el trabajo la productividad bajó, en casa el silencio pesaba. Una noche, mientras lavaba los platos, sintió un dolor en el pecho y cayó al suelo. Fue diagnosticada con un cuadro de ansiedad aguda.

La obligaron a guardar reposo. Y fue entonces cuando llegó el vacío total. Sin pareja, sin rutina, sin tareas que la distrajeran. A solas con su dolor, con su historia, con su cuerpo quebrado y su alma rota. Se sintió inútil, invisible, olvidada por todos, incluso por Dios.

Un día, su vecina mayor le tocó la puerta con una sopa caliente. No hablaron mucho. Solo se sentaron juntas. La anciana le dijo antes de irse: *"Cuando no quede nada, da gracias por seguir respirando. Eso es un milagro que todavía no entiendes."*

Esa noche, Lucía pensó en esa frase. Y por primera vez en semanas, miró hacia dentro. Sintió su cuerpo. Oyó su respiración. Cerró los ojos… y lloró. No por lo que había perdido, sino por haberse olvidado de sí misma tanto tiempo.

**Al día siguiente, escribió en una hoja:**
**"Gracias por este día. No entiendo nada, pero sigo aquí."**

Y así comenzó un ritual diario. Cada mañana, al despertar, escribía una pequeña frase de gratitud. A veces por el sol, otras por el silencio, otras solo por tener algo que comer. Era poco. Pero era real.

Semanas después, volvió a cocinar con gusto. No para otros, sino para ella. Comenzó a caminar descalza en el patio. A leer libros antiguos. A poner música suave mientras barría. Eran gestos simples, pero sagrados. Pequeños actos de presencia que empezaban a darle sentido a sus días.

Poco a poco, su rostro cambió. No era la misma. Tenía ojeras, sí. Pero también tenía una luz nueva. Una serenidad que antes no conocía. Empezó a escribir poemas, a visitar a su vecina, a reírse con sus hijos. No tenía todas las respuestas, pero ya no las necesitaba.

Un domingo, en una reunión comunitaria, compartió su historia. Habló de cómo tocar fondo le enseñó a amar lo simple, a escucharse, a perdonarse. Muchas mujeres lloraron. Algunas se acercaron después a agradecerle. Lucía entendió que su dolor, al ser compartido, podía sanar a otros.

Con el tiempo, fundó un pequeño círculo de mujeres. No era terapia. Era compañía. Se reunían para hablar, para cocinar juntas, para escribir. El lema era uno solo: *"Aún con el alma rota… podemos agradecer."*

Años más tarde, una de sus hijas escribió en su diario:
"Mi mamá es la mujer más fuerte que conozco. Se cayó, se rompió, y desde ese lugar aprendió a amar mejor. Hoy vive con poco… pero vive con el alma despierta. Y eso me ha enseñado a mí a nunca rendirme."

Lucía nunca volvió a ser la de antes. Pero tampoco quiso serlo. Porque entendió que aquella versión suya estaba dormida. Ahora era una mujer transformada por la pérdida… pero anclada en una gratitud que no dependía de nada externo.

No olvidó el dolor. Lo convirtió en sabiduría. No negó su historia. La escribió con amor. Y cada vez que alguien le preguntaba cómo había salido adelante, ella respondía con una frase sencilla:
*"Cuando no entendía la vida, elegí agradecerla. Y eso me salvó."*

## Para Reflexionar

### Gracias, incluso aquí

Cuando todo se cae,
cuando el alma sangra en silencio
y el futuro parece una hoja en blanco,
aún queda algo.

Queda el aire.
Queda el latido.
Queda una pequeña luz
que no se apaga.

Agradecer no es negar el dolor.
Es abrazarlo sin dejarse consumir.
Es decir: **"Aquí estoy"**,
aunque no entienda nada,
aunque todo duela,
aunque el corazón tiemble.

La gratitud que nace de las ruinas
es más fuerte que la que nace en la fiesta.
Porque ha visto la sombra,
y aún así… elige ver el sol.

Ser devastado…
y aún así decir **"gracias"**,
es uno de los actos más poderosos
que un alma puede hacer.

Porque desde ese punto…
todo comienza de nuevo.

# EN LA CALLE
# LOÍZA

*Algunos lugares no son geografía, son procesos.*
*En calles donde otros solo caminan, hay quienes despiertan, se reencuentran,*
*renacen.*
*Lo importante no es el lugar… sino lo que el alma vivió allí.*

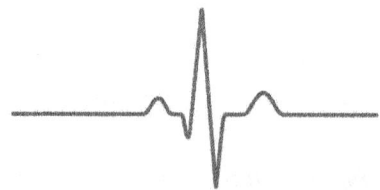

# En la calle Loíza

Hay lugares que llegan a nuestra vida sin invitación. No los elegimos, no los soñamos, no los buscamos. Simplemente, un día despertamos allí. Y al principio parecen jaulas, trampas, interrupciones. Pero con el tiempo, se revelan como altares. Espacios donde algo muere… y algo nuevo nace.

La calle Loíza puede tener mil nombres. Puede ser un apartamento, una celda, una clínica, una casa vacía, una ciudad extraña. Lo importante no es el lugar, sino lo que ocurre dentro de uno cuando todo lo externo se detiene. Cuando no queda más que convivir consigo mismo.

Estar lejos de todo lo familiar puede ser una condena… o un despertar. Porque en el silencio, aparecen las voces que antes ignorábamos: la del cuerpo, la del alma, la de la historia personal. Y en ese diálogo interno, a veces forzado, empieza la verdadera transformación.

El ser humano teme al silencio porque no sabe qué hará con él. Teme a la soledad porque ha aprendido a depender de la compañía para validar su existencia. Pero es solo en la soledad verdadera —no la del abandono, sino la del reencuentro— donde uno descubre quién es sin los otros.

En un mundo que corre, que exige, que grita, ser detenido puede parecer una tragedia. Pero para muchas almas, esa detención ha sido salvación. Porque solo en la pausa pudieron ver la herida, el talento dormido, el sueño olvidado, la fe que aún respiraba.

Hay procesos que solo ocurren en la quietud. Hay verdades que solo se revelan cuando todo alrededor se desarma. Hay talentos que solo despiertan cuando ya no hay escenarios, ni público, ni aplausos. Porque el alma no necesita ruido para brillar; necesita espacio.

La calle Loíza —como símbolo— representa ese punto donde uno se encuentra con lo esencial. Donde el tiempo deja de ser prisa y se vuelve espejo. Donde se empieza a escribir, no para publicar, sino para sanar. Donde se lee, no para saber más, sino para entenderse mejor.

A veces, la vida nos detiene para que escuchemos lo que nunca quisimos oír: **"No necesitas nada más para comenzar. Solo necesitas volver a ti."** Y entonces, entre paredes simples, rutinas pequeñas y días repetidos... brota una nueva forma de estar vivo.

El mundo exterior sigue con sus exigencias. Pero uno, desde esa habitación modesta, empieza a caminar hacia dentro. Empieza a amar el silencio, a saborear el café, a mirar el cielo con calma. No porque todo esté resuelto, sino porque por fin hay presencia.

El verdadero encuentro con uno mismo no ocurre en el éxito, ni en los viajes soñados, ni en las celebraciones. Ocurre cuando uno está solo con sus pensamientos, su dolor, sus dudas, su esperanza. Y aun así, elige seguir amándose, elige seguir caminando.

Muchas veces, los grandes regalos de la vida vienen envueltos en crisis. Y uno solo los reconoce cuando el alma está lo suficientemente quieta para recibirlos. Por eso, las etapas más duras muchas veces terminan siendo las más valiosas.

Hay quienes, después de haber sido detenidos por la vida, descubren el arte, la fe, la vocación, la lectura, el perdón. Y es que cuando se cae todo lo que uno creía ser... aparece lo que realmente es. No adornado, no maquillado. Solo verdad.

La calle Loíza no siempre tiene flores. Pero tiene raíces. No siempre hay abrazos, pero hay luz. No siempre hay respuestas, pero hay preguntas honestas. Y eso, en tiempos de tormenta, ya es un comienzo.

No se necesita estar en paz para comenzar el cambio. Basta con estar dispuesto. Basta con abrir un cuaderno, con mirar al espejo, con encender una vela. Basta con aceptar que algo dentro de ti ya no quiere vivir dormido.

Muchos regresan de su propia **"calle Loíza"** con los ojos distintos. Ya no piden tanto. Ya no exigen certezas. Caminan más despacio. Sonríen con gratitud. Hablan menos, pero con más verdad. Porque han visto la sombra... y han decidido construir desde allí.

No todos comprenden lo que ocurre en esos espacios. Desde fuera, parecen pausas. Pero desde dentro, son revoluciones. Son procesos donde uno no cambia por voluntad, sino por necesidad. Porque seguir igual... ya no es una opción.

El alma humana tiene la capacidad de florecer en los lugares más inesperados. A veces, basta una habitación, un libro, una oración. A veces, basta un silencio largo para que se escuche la voz de Dios, o la propia.

Y entonces, lo que parecía castigo, se vuelve oportunidad. Lo que parecía ruina, se vuelve escuela. Lo que parecía soledad... se vuelve hogar. Porque ahí, en ese rincón olvidado por el mundo, el ser humano recuerda que está completo.

Y cuando uno sale de esa etapa, no vuelve igual. Vuelve más sabio, más sencillo, más pleno. Y lleva consigo una certeza que no se aprende en libros: **"Todo lo que necesito para comenzar... ya vive dentro de mí."**

Javi había viajado muchas veces. Esta vez iba de vacaciones a la ciudad de Nueva York, como quien escapa del ruido para respirar algo nuevo. No imaginaba que ese viaje se convertiría en uno de los capítulos más duros y a la vez más reveladores de su vida.

A su llegada, fue detenido por las autoridades migratorias. No hubo violencia, pero sí frialdad. Le dijeron que tenía un requerimiento pendiente en Puerto Rico. Sin entender del todo lo que pasaba, fue trasladado a una corte en Manhattan. Todo era confuso, rápido, burocrático.

Después de unas horas, la decisión fue clara: debía ser enviado al distrito federal de Puerto Rico, donde lo esperaban para enfrentar cargos. En ese momento no tenía claridad ni detalles. Solo una mezcla de incertidumbre, cansancio y una extraña sensación de abandono.

Lo trasladaron bajo custodia. Pasaron casi tres largos meses antes de que su caso pudiera llegar a una corte. Durante ese tiempo, vivió en una especie de pausa forzada. Sin libertad, sin respuestas claras, sin acceso a los suyos. Pero con una mente que no dejaba de hacerse preguntas.

Cuando por fin fue presentado ante la jueza, se reveló lo que siempre había presentado: la fiscalía no tenía pruebas concretas, solo acusaciones vacías, palabras sin sustancia. La jueza, tras revisar el expediente, ordenó libertad condicional mientras se investigaba el caso desde fuera de prisión.

Su nuevo domicilio fue un apartamento en la calle Loíza, en San Juan. Al principio, ese lugar le supo a encierro con otra forma. Pero con el tiempo, se transformó en algo más. Fue un espacio de silencio, de calma, de introspección. La calle Loíza no solo le dio techo... le dio espejo.

Los días se estiraban en silencio. Y en ese vacío, Javi empezó a reencontrarse con partes suyas que había olvidado. Comenzó a dibujar. Primero garabatos, luego rostros, luego paisajes que salían desde lo más profundo. Como si las emociones necesitaran hablar a través de trazos.

También empezó a escribir. No sabía si era poesía, diario o simples pensamientos. Pero las palabras fluían. Contaban su verdad, su dolor, sus dudas, pero también su esperanza. Por primera vez, no escribía para ser leído… escribía para no olvidarse de sí mismo.

En las tardes, se sentaba frente al balcón con libros prestados. Empezó a leer con hambre. Filosofía, espiritualidad, biografías. Cada página era un portal, una conversación, una pregunta. Y en ese silencio lleno de letras, fue naciendo otra versión de Javi: más despierta, más profunda.

Se inscribió en cursos gratuitos en línea. Aprendió frases en italiano, verbos en francés, saludos en portugués. Más que por utilidad, lo hacía por desafío interno. Por demostrar(se) que su mente seguía viva, creativa, capaz de expandirse incluso tras las rejas invisibles.

Fue allí, en ese apartamento modesto de la calle Loíza, donde entendió que la verdadera libertad no empieza en una corte… sino en el alma. Se descubrió más libre solo que acompañado, más pleno sin aprobación, más entero sin público. Se dio cuenta de que no necesitaba adornarse para ser valioso.

Recordó a su familia, sus hijos, sus raíces. Comprendió que el amor no es algo que se dice, sino algo que se cultiva. Y que la distancia, cuando no se riega con presencia, se vuelve abismo. Entendió que hay que abrazar cuando se puede, hablar cuando el otro está, amar mientras hay tiempo.

Pensó en sus hijos. En lo que significaban. En lo mucho que le habían enseñado sin saberlo. No eran solo parte de su historia… eran su tesoro. Un regalo que la vida le dio para recordarle lo que realmente importa, incluso cuando todo lo demás se derrumba.

Los meses pasaron. Ya no era el mismo. La calle Loíza ya no era una dirección: era un punto de inflexión. Un lugar donde se quebró, pero también donde se reconstruyó. Donde cayó en cuenta de su fragilidad, pero también de su grandeza.

Un día, caminando por la acera, miró al cielo y pensó: *"Tal vez nunca entienda por qué pasó todo esto... pero sé para qué me sirvió."* Sonrió, no porque ya todo estuviera resuelto, sino porque por fin había hecho las paces con él mismo.

La libertad volvió en papeles. Pero la verdadera ya la había alcanzado mucho antes. En una habitación modesta, rodeado de libros, de dibujos, de sí mismo. A veces, el alma necesita ser detenida para aprender a moverse en otra dirección.

Y así, Javi dejó la calle Loíza con una maleta en la mano... y con una nueva vida por dentro. Ya no caminaba huyendo, sino volviendo a sí mismo. Y ese, sin duda, fue el mayor regalo que le pudo dar aquella inesperada prisión: **el despertar.**


## Para Reflexionar


### En la calle Loíza

A veces la vida te detiene,
no para castigarte...
sino para devolverte a ti mismo.

Te quita el ruido,
te aleja del mundo,
te encierra entre cuatro paredes
para que, por fin,
te escuches el alma.

En la pausa forzada
descubres que aún puedes crear,
que el arte sigue vivo,
que el silencio no mata...
sana.

Aprendes que la compañía más fiel
es tu respiración,
que el amor no siempre está cerca,
pero tus raíces sí.

Y allí,
donde creías que todo había terminado,
comienzas de nuevo.
No desde lo que tenías...
sino desde lo que eres.

Porque a veces,
para encontrarse,
hay que perderlo todo...
menos la esperanza.

# Noveno canto

# El poder de la oración

*La oración no siempre cambia lo que está afuera, pero sí transforma lo que llevamos dentro.*
*Es el lenguaje silencioso del alma, el puente entre lo humano y lo eterno.*
*Orar es abrir el corazón… y confiar.*

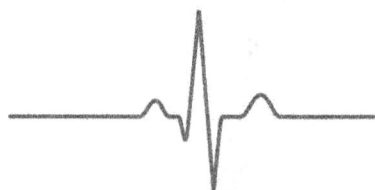

# El poder de la oración

La oración no es una fórmula, ni un ritual frío. Es un puente entre el alma y lo invisible. No siempre necesita palabras; a veces es un suspiro, un silencio, una lágrima que no cae. Porque orar no es hablarle a un dios lejano... es abrir el corazón a lo eterno.

Muchos piensan que orar es pedir. Pero la verdadera oración no siempre busca respuestas. Busca presencia. Busca consuelo. Busca recordar que no estamos solos, que hay algo —o Alguien— que nos escucha incluso cuando no sabemos qué decir.

La oración no exige perfección. No pide vestiduras ni frases bonitas. Solo pide verdad. Un corazón sincero que se arrodille por dentro, aunque el cuerpo esté de pie. Una mente que se rinda, aunque aún tenga miedo. Un alma que diga: **"Aquí estoy"**.

Hay oraciones que gritan, otras que susurran. Hay oraciones desesperadas, otras serenas. Algunas se hacen de rodillas, otras mientras se conduce o se camina. Lo importante no es el cómo... sino el desde dónde. Porque el cielo no se impresiona por la forma, sino por la intención.

Cuando oramos desde el fondo, algo se alinea. No siempre cambia lo externo, pero cambia lo interno. No siempre se abre la puerta que pedimos, pero se abre una dentro de nosotros. Y muchas veces, eso es suficiente para seguir adelante.

La oración también es memoria. Nos recuerda quién somos, de dónde venimos, qué nos sostiene. Nos devuelve al centro cuando el mundo nos dispersa. Nos pone de nuevo en las manos del Creador cuando todo parece temblar.

En los momentos de crisis, la oración se vuelve refugio. En los momentos de gratitud, se vuelve celebración. En el día común, puede ser un suspiro consciente, un **"gracias"** sincero, un pensamiento elevado que nos conecta con lo divino sin necesidad de ruido.

No se necesita saber rezar para orar. Se necesita sentir. La oración no es competencia espiritual. Es un acto íntimo, libre, espontáneo. Es una conversación que no busca convencer, sino descansar. Y a veces, es solo un silencio donde uno se sabe amado.

El poder de la oración no está en cambiar a Dios... sino en cambiar al que ora. Porque al orar, el ego se rinde, el alma se expande, el corazón se purifica. Y en ese proceso, muchas cosas se colocan en su lugar, incluso sin darnos cuenta.

Quien ha orado con el alma sabe que hay oraciones que no se responden con palabras, sino con paz. Que hay momentos en que uno solo necesita llorar en silencio y sentir que alguien está ahí, aunque no se vea. Esa es la fuerza invisible que sostiene cuando todo tambalea.

Orar no es debilidad. Es coraje. Coraje de reconocer que no podemos solos, que necesitamos ayuda, guía, dirección. Y también es humildad. La humildad de decir: **"No entiendo, pero confío. No veo, pero avanzo. No controlo, pero descanso"**.

Hay oraciones que cambian vidas. No porque hagan magia, sino porque alinean el espíritu. Hay quienes, al orar, encuentran la respuesta que buscaban dentro de sí. Otros descubren una nueva fuerza para enfrentar la misma tormenta con otro corazón...Orar no requiere tiempo perfecto. Puede hacerse en un minuto. Pero ese minuto, si es verdadero, puede cambiar el curso del día... o de la vida. Porque en ese momento, el alma se conecta con su fuente. Y desde allí, todo es más claro.

A través de los siglos, las almas más sabias han orado. No como una rutina, sino como un estilo de vida. Porque sabían que sin oración, el corazón se endurece. La mente se pierde. La fe se apaga. La oración es, entonces, el aliento del alma.

La oración también transforma relaciones. Cuando se ora por otro, algo en uno cambia hacia esa persona. Ya no se la juzga igual. Se le desea el bien. Se activa la compasión. Y muchas veces, aunque esa persona no lo sepa, recibe luz desde el silencio.

Orar no es una obligación. Es un regalo. Es la oportunidad de conversar con lo eterno, con lo sagrado, con lo que trasciende. Y ese diálogo, aunque parezca invisible, deja huellas profundas en quien se atreve a sostenerlo.

Muchos han encontrado sentido, dirección, incluso milagros a través de la oración. Otros simplemente han encontrado fuerza. Pero todos, de alguna forma, han sido tocados. Porque nadie se va igual después de orar con el alma. Y así, la oración se convierte en medicina, en guía, en consuelo, en ancla. Se convierte en casa. Porque al final, cuando todo se agita afuera, orar es volver a ese lugar donde todo comenzó: el corazón en manos del Creador.

Quizás no haya respuestas inmediatas. Quizás el cielo se mantenga en silencio. Pero si el alma se siente sostenida… la oración ha cumplido su propósito. Porque a veces, más que soluciones, lo que necesitamos… es paz.

Y si cada día comienza con una oración, y cada noche termina con gratitud, el alma vive despierta. Porque quien ora no huye de la vida… la abraza con fe. Y esa fe, cuando es sincera, mueve montañas… dentro de uno.

María no solía orar. Había crecido entre rezos y misas, pero con el tiempo se alejó. La rutina, las heridas de la vida y una decepción tras otra la llevaron a pensar que tal vez orar no servía de nada. Si Dios existía —pensaba—, hacía mucho que había dejado de escucharla.

Vivía sola desde que sus hijos se mudaron al extranjero. Trabajaba medio tiempo en una tienda y pasaba las tardes en casa, entre novelas viejas y tazas de café. A veces, el silencio pesaba como piedra. Pero ella se acostumbró. Aprendió a llenar su soledad con distracciones.

Todo cambió una mañana. Su hijo menor, Julián, llamó desde otro país para decirle que estaba enfermo. El tono de su voz, el silencio entre las frases, el temblor al despedirse… le dijeron todo lo que no dijo. Colgó el teléfono con el alma hecha un nudo.

Esa noche no pudo dormir. Dio vueltas en la cama, contuvo lágrimas, miró el techo. A las 3:17 a.m., se levantó, sin saber por qué, y fue hasta el balcón. Se sentó. Y por primera vez en años, habló con Dios. No pidió nada. Solo dijo: **"No sé si estás ahí… pero yo sí. Y no puedo sola."**
Fue una oración torpe, con palabras entrecortadas y silencios largos. Pero fue real. Por dentro, algo se quebró… y algo se abrió. Una herida vieja, guardada desde hacía décadas, se asomó. Y en ese instante, su alma sintió un abrazo invisible que no supo explicar.

A la mañana siguiente, buscó una vela vieja en el cajón. La encendió. Puso una música suave. Se sentó en el mismo rincón… y volvió a orar. Esta vez con más calma. No para exigir respuestas, sino para entregar su miedo. Su oración se volvió suspiro. Se volvió descanso.

Los días pasaron. María empezó a orar cada mañana y cada noche. A veces con palabras, a veces solo con lágrimas. No le importaba si alguien la escuchaba o no. Lo importante era cómo se sentía después. Menos sola. Más sostenida…Una tarde, escribió en un papel:
**"Si me das fuerza, caminaré. Si me das paz, esperaré. Si me das silencio… lo escucharé."**
Ese papel lo pegó en la puerta de la nevera. Era su pequeño altar, su recordatorio de que no estaba sola en su batalla.

Comenzó a ver la vida distinta. Las noticias no la angustiaban tanto. Los problemas no la tumbaban igual. Incluso los dolores del cuerpo se sentían distintos. Como si, al entregarlos en oración, ya no pesaran tanto.

El día que recibió la llamada diciendo que Julián estaba mejorando, lloró en silencio. No por la noticia, sino porque supo, en lo profundo, que no había estado sola. Que cada madrugada de oración, cada lágrima derramada en su balcón… había llegado a algún lugar.

Desde entonces, María no volvió a orar solo por ella. Empezó a orar por sus vecinos, por sus hijos, por los que no tenían a nadie. Incluso por quienes le habían hecho daño. La oración le había devuelto algo más que esperanza: le había devuelto el amor.

Una joven del barrio, al verla siempre con esa serenidad, le preguntó un día:
—**¿Cómo hace para estar tan tranquila, señora María?**
Ella sonrió y dijo:
—Yo me levanto cada día… y hablo con Dios antes que con el mundo. Eso cambia todo.

Con el tiempo, muchas personas empezaron a visitarla. No por consejos, sino por la paz que transmitía. Su casa se volvió refugio. Su voz, consuelo. Y su oración… una llama encendida que tocaba a quienes se acercaban sin que ella lo notara.

María no se convirtió en santa, ni en predicadora. Siguió siendo ella. Sencilla. Humana. Pero su alma tenía otra luz. Porque había redescubierto el lenguaje más puro entre el cielo y la tierra: el lenguaje de la oración sincera.

Y así, entre rezos simples, silencios profundos y velas encendidas, vivió el resto de sus días. No sin dolor, pero con sentido. No sin preguntas, pero con fe. Porque comprendió que orar no siempre cambia las cosas… pero siempre la cambia a ella.

Y en su diario, en la última página, escribió:
**"La oración no me dio todo lo que pedí…**
**pero me convirtió en la mujer que necesitaba ser."**

## Para Reflexionar

### Cuando el alma ora

No siempre uso palabras.
A veces solo suspiro.
A veces solo lloro.
Y en esos instantes,
sé que estoy orando.

No oro porque tenga todas las respuestas,
sino porque tengo preguntas
que ya no quiero cargar solo.

No oro para cambiar al cielo,
sino para que el cielo me cambie a mí.
Para que mi alma se rinda
sin dejar de soñar.

Cuando oro,
el miedo se hace más pequeño,
la esperanza más grande,
y mi corazón… más liviano.

Porque al final,
no se trata de lo que pido,
sino de lo que entrego.
Y cuando entrego todo…
todo comienza a sanar.

# Décimo canto

# Sueños lúcidos

*Hay sueños que no vienen solo al dormir, sino cuando el alma se atreve a ver con claridad.*

*Los sueños lúcidos son promesas disfrazadas de visiones.*

*Y a veces, solo se necesitan ojos del corazón para despertar.*

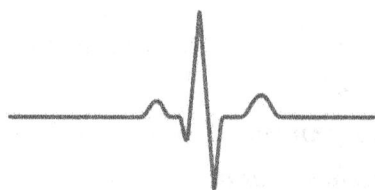

# Sueños lúcidos

Hay noches en las que el alma no duerme del todo. El cuerpo reposa, pero la conciencia flota, observa, recuerda. Son momentos extraños, donde la realidad se funde con lo simbólico, y uno despierta dentro del mismo sueño. A eso le llaman sueño lúcido... y también puede ser una puerta.

En los sueños lúcidos, el tiempo no existe. Todo es posible: volar, hablar con quienes ya partieron, recibir un mensaje, sanar una herida antigua. No es solo un juego mental: es el alma explorando dimensiones que escapan a la lógica. Es una conversación secreta entre el ser y lo invisible.

No todos los sueños son lúcidos. Algunos son fragmentos del día, otros son proyecciones del miedo. Pero hay sueños que se sienten distintos. Tienen peso, tienen presencia. Nos marcan. Al despertar, el cuerpo lo sabe: algo real ha ocurrido, aunque no se pueda explicar.

Los sueños lúcidos nos enseñan que hay más de lo que vemos. Que el mundo interior también es vasto. Que lo simbólico tiene fuerza. Que el alma guarda memorias, verdades y caminos que solo se revelan cuando el ego duerme y la conciencia se expande.

Algunas personas han recibido consuelo a través de un sueño. Otras, una advertencia. Algunas han comprendido el porqué de un sufrimiento. O han reencontrado, aunque sea por segundos, a un ser querido que ya no está. **¿Es ilusión? ¿Es espíritu? ¿Es el alma recordando?** Tal vez... todo a la vez.

El sueño lúcido no busca ser entendido, sino sentido. Es una experiencia más espiritual que intelectual. Requiere apertura, humildad y presencia. A veces, solo el que ha sufrido profundamente está listo para soñar así. Porque ha perdido el control... y eso le ha dado alas.

Hay quienes despiertan llorando tras un sueño lúcido. No de tristeza, sino de belleza. Porque han vivido algo tan profundo, que les cuesta volver a la rutina. Es como si, por un instante, hubieran tocado el cielo. O como si Dios les hubiera contado un secreto en voz baja.

En los sueños lúcidos, el alma se comunica con símbolos. Un río puede ser un duelo. Una puerta puede ser una decisión. Un niño puede ser tu propia inocencia pidiendo ser escuchada. No todo se entiende al despertar. Algunas verdades se revelan días después, en el silencio.

También hay sueños que nos despiertan con mensajes claros. *"Perdona"*, *"sigue"*, *"confía"*, *"es ahora"*. Y uno, que creía estar perdido, encuentra una brújula en medio de la noche. No siempre con palabras, a veces con imágenes que se clavan en el alma y se quedan allí, latiendo.

Los sueños lúcidos también pueden mostrarnos lo que tememos ver. Nuestra sombra, nuestra culpa, nuestras decisiones no sanadas. Y no lo hacen para castigarnos, sino para liberarnos. Porque cuando lo inconsciente se hace visible, algo se cura dentro.

En culturas antiguas, los sueños eran considerados mensajes sagrados. Los ancianos los interpretaban, los líderes los escuchaban, los pueblos los respetaban. Hoy, en medio del ruido, hemos olvidado su poder. Pero aún están ahí... *"esperando ser recordados"*... Aprender a soñar con conciencia es aprender a dialogar con el alma. No se trata de controlar el sueño, sino de entrar en él con intención, con respeto, con apertura. A veces basta una pregunta antes de dormir: **"¿Qué necesito ver?"** Y el alma responde.

El sueño lúcido no reemplaza la vigilia. Pero la complementa. Nos recuerda que no todo se resuelve con la razón. Que hay verdades que se sienten. Que hay caminos que se dibujan en la noche, para guiar nuestros pasos durante el día.

Quien ha tenido un sueño lúcido, sabe que no fue cualquier cosa. Algo cambió. Algo se sembró. Algo se despertó. Y aunque no pueda explicarlo, lo lleva consigo como un regalo, como un mensaje, como una llama interior que no se apaga.

A veces, los sueños lúcidos son despedidas. Otras, reencuentros. Algunas veces son inicios. Lo importante es no despreciarlos. Son cartas del alma, señales del Espíritu, mensajes de un plano más alto que, por amor, decide visitarnos mientras dormimos.

Hay quienes dicen que soñaron con un lugar antes de conocerlo. O con una persona antes de encontrarla. No es coincidencia. Es conexión. Es tiempo espiritual revelándose. Es el alma viajando más allá del cuerpo, más allá del calendario.

Los sueños lúcidos también enseñan sobre el miedo. Nos muestran que lo que tememos es muchas veces una parte nuestra esperando ser abrazada. Nos enseñan que podemos caminar por la oscuridad… y salir ilesos. Porque el alma ya sabe el camino.

Cuando honramos los sueños, honramos el misterio. Aceptamos que no todo tiene que ser probado para ser verdadero. Que lo espiritual no necesita demostración… solo presencia, solo humildad, solo corazón abierto.

Y entonces, la noche deja de ser solo descanso. Se vuelve búsqueda. Se vuelve puente. Se vuelve altar. Y cada vez que soñamos con conciencia, el alma da un paso más hacia su propia verdad.

Porque soñar lúcido… es recordar lo que el alma ya sabe. Es volver, por un instante, al lugar de donde venimos. A ese plano donde todo es amor, todo es luz, todo es verdad.

Álvaro no era un hombre espiritual. Siempre había vivido con los pies en la tierra, desconfiando de lo que no se pudiera explicar. Ingeniero de profesión, metódico por naturaleza, su vida transcurría entre planos, cálculos y una agenda rigurosa que no dejaba espacio para lo invisible.

Pero todo cambió tras la muerte de su madre. Era su único vínculo emocional fuerte. Había sido su guía, su refugio, su voz de aliento silenciosa. Cuando ella partió, Álvaro sintió que algo dentro de él se apagaba. A pesar de su lógica, no encontró explicación para ese dolor tan crudo.

Durante semanas no durmió bien. La cama le quedaba grande. La casa, demasiado silenciosa. Y una noche cualquiera, sin buscarlo ni desearlo, tuvo un sueño que lo marcaría para siempre.

En el sueño, se encontraba en una especie de estación antigua, con bancos de madera, relojes sin tiempo y una luz dorada que lo envolvía todo. No sabía si era de día o de noche, pero sentía paz. Una mujer vestida de blanco lo observaba desde la distancia.

Al acercarse, supo sin necesidad de palabras que era su madre. No como la había visto en sus últimos días, sino joven, serena, radiante. Ella no habló con la boca, pero él la escuchó dentro. Le dijo: *"No estás solo. Solo has olvidado quién eres."*

Álvaro comenzó a llorar, algo que no hacía desde niño. Su madre le mostró entonces una sala con espejos. En cada uno veía una versión suya: el niño curioso, el adolescente herido, el adulto agotado. Todos lo miraban en silencio, como esperando algo de él.

*"No viniste a este mundo para cargar con todo"*, dijo su madre en el sueño. *"Viniste a recordar. A amar. A vivir con el corazón, no solo con la mente."*
Él quiso quedarse, abrazarla, pedirle perdón por no haber estado más presente. Pero ella lo besó en la frente y se despidió con una sonrisa que no dolía, sino que sanaba... Álvaro despertó con lágrimas tibias en los ojos. Se sentó en la cama sin entender si fue real, pero con una certeza nueva: algo en él había cambiado. No era solo un sueño. Era un encuentro. Una llamada del alma que llevaba demasiado tiempo en silencio.

Desde ese día, su rutina no volvió a ser la misma. Comenzó a escribir cada mañana lo que recordaba de sus sueños. No todos eran lúcidos, pero algunos sí. En ellos, seguía viendo símbolos, paisajes, incluso personas que había olvidado.

Volvió a visitar la casa de su infancia. Miró fotos antiguas. Llamó a su hermana después de años sin hablarle. Y una noche, encendió una vela, se sentó en silencio y oró. No a un Dios que comprendiera... sino a la parte de él que había estado dormida.

Los sueños lúcidos comenzaron a volverse más frecuentes. En uno, se vio caminando por un bosque y encontrando un cuaderno bajo un árbol. En él, estaban escritas frases que él mismo había dicho de niño: *"Yo quiero ayudar a la gente", "Me gusta escuchar a los tristes", "Quiero ser bueno."*

Ese sueño lo sacudió. Se dio cuenta de que había olvidado su esencia. Se había escondido detrás de títulos y lógica, huyendo de su sensibilidad. Pero su alma... nunca lo había olvidado.

Decidió inscribirse en un taller de acompañamiento emocional. No dejó su profesión, pero ahora escuchaba más a sus compañeros, hablaba más con su corazón. Había entendido que el verdadero conocimiento no está solo en el análisis... sino también en la presencia.

Una noche, en una conferencia, contó su historia. Muchos se conmovieron. Uno le preguntó si creía que realmente había soñado con su madre. Él respondió:
*"No lo sé. Tal vez fue un sueño. Tal vez fue el alma. Pero desde entonces, vivo con una verdad: hay cosas que solo el corazón puede entender."*

Y al llegar a casa, escribió en su diario:
*"He vuelto a mí mismo... gracias a un sueño que me despertó."*

Desde entonces, Álvaro ya no duerme para escapar, sino para escuchar. Porque ha descubierto que, a veces, el alma necesita cerrar los ojos del cuerpo... para abrir los suyos.

## Para Reflexionar

### Cuando el alma sueña despierta

Hay noches en que el cuerpo duerme,
pero el alma… despierta.
Camina sin miedo,
abraza sin palabras,
recibe lo que en la vigilia se niega.

A veces, sueña con rostros ausentes,
con lugares no vistos,
con verdades olvidadas.
Y al despertar,
algo late distinto.

No fue un sueño más.
Fue un encuentro.
Un mensaje del alma
diciendo:
**"Aún estás a tiempo de recordar."**

Porque soñar lúcido…
es tocar el cielo sin irse,
es regresar con los ojos cerrados,
es descubrir que hay un mundo
dentro de ti
esperando ser vivido.

# Undécimo canto

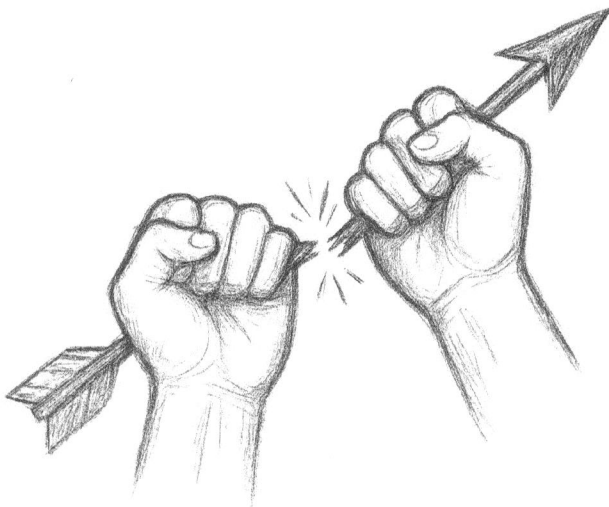

# El odio perdió la batalla

*El odio se alimenta del miedo y se disfraza de fuerza,*
*pero siempre pierde ante el amor que elige sanar en vez de vengarse.*
*La paz no se impone, se cultiva... y eso lo vuelve invencible.*

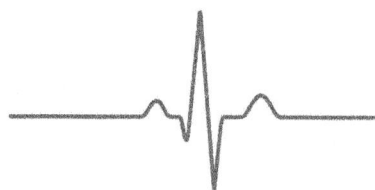

# El odio perdió la batalla

El odio no nace de la nada. Se alimenta del dolor no resuelto, de la herida ignorada, de la injusticia repetida. No es un sentimiento que aparece de golpe, sino una sombra que se forma cuando la luz del amor ha sido apagada por el miedo o el abandono.

Quien odia, en realidad está sufriendo. Pero ese sufrimiento, en lugar de transformarse, se estanca, se envenena, se endurece. Y poco a poco, el corazón se cierra. Ya no confía, ya no escucha, ya no siente compasión. Solo reacciona, solo ataca, solo se defiende.

El problema del odio es que engaña. Se disfraza de justicia, de orgullo, de fuerza. Pero por dentro, debilita. Consume al que lo carga antes que al que lo recibe. El odio hace ruido… pero nunca trae paz.

Hay personas que viven con odio hacia otros, pero también hacia sí mismas. Culpas no resueltas, errores del pasado, decisiones que no se perdonaron. Y desde ese lugar, construyen muros tan altos, que ya ni siquiera el amor puede tocarlos sin que tiemblen.

Pero el odio no es invencible. Puede parecer fuerte, pero es frágil frente a la conciencia. Porque el amor, cuando es profundo, no le pelea. Le revela. Le muestra que hay otra forma. Y poco a poco, El perdón es el arma más poderosa contra el odio. No porque justifique el daño, sino porque libera al alma de seguir atada al dolor. Perdonar no es olvidar. Es decidir que el pasado ya no tendrá el poder de envenenar el presente.

Hay batallas internas que solo se ganan el día que decidimos soltar. El día que entendemos que cargar con rencor es seguir dándole poder a quien nos lastimó. Es permitir que el dolor siga gobernando, aunque el hecho ya haya pasado. o desarma sin violencia, lo transforma sin forzar.

Cuando el odio pierde la batalla, algo nace en su lugar: compasión. No siempre hacia el otro. A veces primero hacia uno mismo. Porque muchas veces el odio se instala donde no hubo consuelo, donde no hubo protección, donde no se nos permitió llorar.

La gente más amorosa que conocemos... no es la que nunca sufrió. Es la que eligió no volverse amarga. Es la que transformó su historia sin negar su dolor. Es la que comprendió que el alma se expande cuando deja de pelear y empieza a sanar.

El odio endurece. El amor ablanda. Y en ese ablandamiento, uno vuelve a sentir. Vuelve a llorar, a reír, a confiar. No de forma ingenua, sino desde un lugar más fuerte. Porque ya no ama por necesidad... ama por elección.

No se trata de negar el odio. Se trata de mirarlo con verdad. Preguntarse: **¿qué me está mostrando?, ¿qué parte de mí necesita aún sanar?, ¿qué herida estoy evitando con esta rabia?** Porque debajo del odio... siempre hay dolor que pide atención.

El amor no siempre llega como emoción. A veces llega como claridad. Como una decisión interna que dice: *"Ya no quiero vivir así."* Y ese es el inicio de la rendición que sana. No rendición al otro, sino rendición al alma que pide liberarse.

Cuando elegimos amar, no porque el otro lo merezca, sino porque nosotros lo necesitamos, estamos venciendo al odio. Estamos diciendo: **"No permito que esta herida me defina."** Y eso, aunque duela, es un acto de poder interior.

El odio perdió la batalla no el día que el enemigo se rindió, sino el día que yo decidí no convertirlo en mi alimento. El día que preferí dormir en paz antes que ganar la discusión. El día que preferí sanar... en lugar de seguir culpando.

Quien odia se encierra. Quien ama, se abre. Y solo el que se abre puede recibir nuevos caminos, nuevas oportunidades, nuevas formas de ser. El odio solo repite. El amor renueva.

Hay familias rotas por el odio. Amistades destruidas por el orgullo. Vecindarios divididos por viejas heridas. Y todo eso puede cambiar... si alguien se atreve a ser el primero en bajar el arma. A veces basta un abrazo. O una mirada. O una frase que rompa el ciclo.

El mundo no necesita más discursos sobre paz. Necesita más corazones en paz. Y esa paz comienza por dentro. Por rendir la espada que uno lleva clavada desde hace años. Por sentarse consigo mismo y decir: *"Estoy listo para soltar."*

Cuando el odio pierde la batalla, el alma respira. El cuerpo descansa. El pasado se acomoda. Y el futuro deja de ser una amenaza. Ya no se trata de ganar… sino de vivir con libertad.

Y en ese instante, uno entiende que el amor no fue debilidad. Fue coraje. Fue revolución. Fue el acto más valiente de todos: elegir la luz… en un mundo que a veces solo enseña a oscurecer.

Alicia tenía una mirada dura. No porque quisiera intimidar, sino porque la vida le había enseñado que llorar era una forma de mostrarse débil. Aprendió desde pequeña que para sobrevivir había que hacerse fuerte… aunque eso significara endurecer el alma.

Su padre había abandonado el hogar cuando ella tenía apenas siete años. Se fue sin despedidas, sin explicaciones. Solo dejó una ausencia que fue creciendo con los años. Alicia nunca volvió a confiar del todo. Cada promesa le sonaba a mentira. Cada afecto, a riesgo.

Durante mucho tiempo, cargó ese dolor sin hablarlo. Lo disfrazó de independencia. Se convirtió en una mujer trabajadora, eficiente, reservada. Nadie sabía que detrás de su éxito había una niña rota que aún esperaba una explicación.

El rencor hacia su padre se convirtió en una voz interior que le decía: *"No confíes. No ames demasiado. No te muestres frágil."* Y así vivió, con el corazón blindado y la sonrisa medida, durante más de dos décadas.

Un día, recibió una llamada. Su padre estaba enfermo, ingresado en un hospital en otra ciudad. Había preguntado por ella. Nadie sabía si le quedaban días o semanas. Alicia colgó sin responder. Sintió una mezcla de rabia, confusión y… algo parecido al miedo.

Pasó la noche sin dormir. Recordó cosas que creía olvidadas: el olor a café cuando él llegaba, la forma en que le enseñó a andar en bicicleta, las promesas que no cumplió. Y en medio de esa confusión, se hizo una pregunta que la desarmó:
**"¿Qué me está costando sostener este odio?"**

Viajó. No porque lo perdonara aún, sino porque necesitaba entender. Al llegar al hospital, lo vio tan distinto… frágil, delgado, con los ojos suplicantes. Él la miró como quien no sabe si merece ser visto. Y ella, por primera vez en años, no supo qué decir… Se sentó a su lado. No habló. No lloró. Solo estuvo allí. Él intentó pedir perdón, pero las palabras se atoraron. Alicia lo interrumpió con una frase simple: *"No me expliques. Solo dime si alguna vez me pensaste."* Él cerró los ojos y lloró.

En ese instante, el odio se quebró. No desapareció por completo, pero se resquebrajó lo suficiente como para que el amor entrara. Un amor distinto, no ingenuo, no romántico. Un amor que nace cuando uno decide que ya no quiere seguir siendo esclavo del pasado.

Durante los días siguientes, lo visitó cada tarde. A veces hablaban. A veces no. Compartían silencios que decían más que mil cartas. Y cada día, algo en ella se sanaba. No por lo que él hacía... sino por lo que ella decidía soltar.

Antes de que él partiera, Alicia le tomó la mano. Le dijo: *"No sé si algún día te perdonaré del todo. Pero hoy... decido no odiarte más."* Él asintió en silencio. Y murió esa noche, en paz.

Alicia volvió a casa con el alma más liviana. No porque todo se resolviera, sino porque ya no tenía que seguir sosteniendo el peso del rencor. Comenzó a escribir su historia. No para que otros la leyeran, sino para liberar lo que durante años la había encerrado.

En su diario, anotó una frase que luego compartió en un taller de sanación emocional:
**"El odio me protegió cuando era niña. Pero ahora que soy adulta, elijo protegerme con amor."**

Desde entonces, su mirada cambió. No perdió firmeza, pero ahora tenía luz. Aprendió que el perdón no se da por obligación, sino por libertad. Y que cuando uno suelta el rencor... gana espacio para la vida.

Y un día, hablando con una joven que no sabía cómo sanar su relación con su madre, Alicia dijo:
—El odio es cómodo. Te da una razón para no volver. Pero el amor... el amor es valiente. Te da una razón para sanar, aunque cueste.

La joven lloró. Y Alicia también. Porque ahora sabía que el alma sana no cuando todo se repara... sino cuando uno se atreve a dejar de pelear.

*Para Reflexionar*

*Cuando el odio se rinde*

No fue de golpe.
No fue fácil.
Pero un día…
el odio se cansó de habitarme.

Ya no encontraba espacio
entre las ganas de vivir,
ni fuerza en mi corazón cansado
de tantas batallas que no sanaban.

Entonces, lo dejé ir.
No porque el otro lo mereciera,
sino porque yo merecía paz.
Porque mi alma
pedía descanso…
no venganza.

Y al rendirme,
descubrí que el amor
no es olvido,
es libertad.

# Todo es perfecto cuando reina el amor

*Cuando el amor guía, incluso lo incierto tiene sentido.*
*La perfección no está en que todo salga bien, sino en que todo se viva con amor.*
*Allí donde el amor reina… la vida se ordena.*

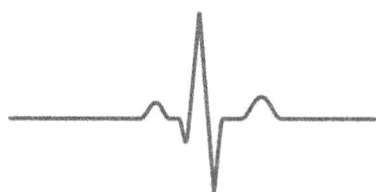

# Todo es perfecto cuando reina el amor

Cuando el amor reina, no todo es perfecto… pero todo encuentra su lugar. Las heridas no desaparecen, pero se comprenden. Los errores no se borran, pero se perdonan. El caos no se evita, pero se abraza con otra mirada, con otro corazón.

El amor no elimina el dolor, pero le da sentido. No borra la historia, pero la honra. No controla, pero libera. Porque cuando el amor es verdadero, deja espacio para que el otro sea. Para que uno mismo sea. Para que la vida fluya, sin la necesidad de perfección.

Todo lo que se hace con amor tiene una vibración distinta. Las palabras sanan. Las manos construyen. Las miradas contienen. El silencio se vuelve compañía. Y hasta el tiempo parece moverse más lento, como si supiera que está siendo habitado con conciencia.

Cuando reina el amor, las diferencias ya no dividen. Las distancias ya no duelen tanto. El perdón se vuelve una puerta abierta, no una obligación. Y lo que antes era lucha, ahora es entrega. No por debilidad, sino por sabiduría.

El amor no necesita gritar para imponerse. No compite. No manipula. No exige. Solo se manifiesta. Presente, firme, sereno. Como la brisa que no se ve, pero transforma todo lo que toca.

Cuando el amor guía, las decisiones cambian. Se actúa desde la compasión, no desde la rabia. Se escucha desde el alma, no desde el ego. Se elige con el corazón despierto, no con la mente herida.

Las relaciones que se sostienen en el amor no son perfectas, pero son reales. Lloran juntas, ríen juntas, caen y se levantan. No se prometen eternidades, se prometen presencia. Y eso… es más que suficiente.

En el amor reina la paciencia. La ternura. La fe en el otro. Y sobre todo, la fe en uno mismo como canal de ese amor. Porque solo puede amar bien quien ya no se abandona.

Donde reina el amor, el tiempo no es enemigo. La vida no se convierte en carrera, sino en danza. Y la muerte no da tanto miedo… porque uno sabe que ha vivido amando. Y eso, al final, lo vuelve todo perfecto.

Porque sí…
cuando reina el amor, todo es perfecto.
No porque todo salga bien,
sino porque el alma sabe
que está donde debe estar.

Clara y Mateo no eran una pareja ideal. Discutían por tonterías, a veces se herían con palabras, otras veces se alejaban por orgullo. Pero cada vez que algo se rompía... volvían. No por costumbre, sino por convicción. Porque en el fondo sabían que había algo más fuerte que sus diferencias: amor del bueno.

Se conocieron en un momento difícil. Él acababa de salir de una pérdida familiar, ella venía de un desengaño profundo. No buscaban enamorarse. Solo hablar, compartir café, sentirse humanos otra vez. Pero lo que comenzó como consuelo, se transformó en una complicidad sagrada.

Mateo tenía un carácter fuerte. Clara, un corazón sensible. Aprendieron a leer sus tiempos, a no exigirse perfección. A llorar juntos cuando no había respuestas. A reírse en medio del cansancio. No hacían promesas grandiosas, pero se elegían cada día.

Pasaron por pruebas duras: enfermedades, escasez, decisiones difíciles. Y a pesar de todo, algo los mantenía unidos. No era el romanticismo. Era la voluntad de cuidarse el alma. De caminar uno al lado del otro, aun cuando el camino temblaba bajo sus pies.

Un día, tras una discusión fuerte, Clara le dijo:
—Si esperas una relación perfecta, este no es el lugar.
Y Mateo respondió:
—No busco perfección. Busco un hogar.
Y en esa frase, entendieron que el amor no se mide por cuántas veces se falla... sino por cuántas veces se regresa con el corazón abierto.

Cuando nació su primer hijo, Clara escribió en su diario:
*"No tengo todo lo que quiero, pero tengo todo lo que importa. Y eso me basta."*
Y cada vez que la vida los ponía a prueba, volvían a esa frase. Porque habían aprendido que la plenitud no siempre se ve... a veces solo se siente.

Vivieron sin lujos, pero con ternura. Sin certezas, pero con fe. Sin una historia perfecta, pero con una entrega real. Y eso los convirtió en una pareja fuerte, no porque no se cayeran, sino porque nunca dejaron de levantarse juntos.

Los que los veían de afuera no entendían cómo seguían juntos. Pero ellos lo sabían: el amor verdadero no se rinde ante lo difícil. No huye cuando algo falla. Se queda, se transforma, y florece… incluso en medio de la tormenta.

Y al envejecer, tomados de la mano en un banco del parque donde se conocieron, Clara le susurró:
—No ha sido fácil, pero ha sido bello.
Y Mateo, con los ojos llenos de tiempo, le respondió:
—Y ha sido perfecto… porque aquí reinó el amor.

## *Para Reflexionar*

### *Cuando reina el amor*

No todo fue fácil,
ni claro,
ni limpio.
Pero cada herida…
se curó con ternura.

No todo encajó a la primera,
ni a la segunda.
Pero las manos no se soltaron,
y eso fue suficiente.

El amor no borró las caídas,
pero fue el suelo
que amortiguó cada tropiezo.

Y al final del camino,
mirándonos con tiempo en los ojos,
entendimos la verdad más simple:

Cuando reina el amor…
todo es perfecto,
aunque nada lo sea.

# Décimo tercer canto

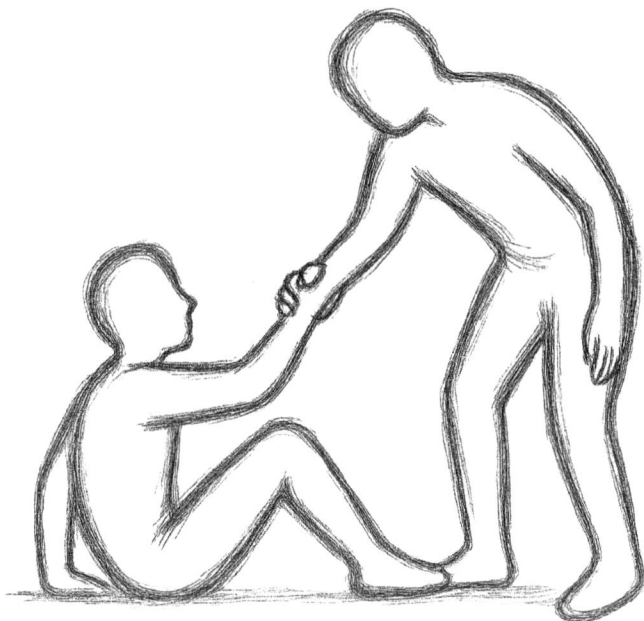

# Amigos para siempre

*La eternidad no se mide en años, sino en afectos.*
*Los verdaderos amigos no se van, habitan en la memoria, en las risas, en las heridas sanadas juntos.*
*Son almas que se eligen... una y otra vez.*

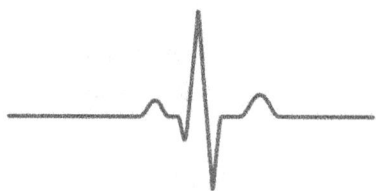

# Amigos para siempre

La verdadera amistad no depende del tiempo ni de la frecuencia. Hay amigos con los que no se habla todos los días, pero cuando se reencuentran... todo sigue intacto. Porque la amistad verdadera no se basa en la rutina, sino en la conexión del alma... Un amigo real es aquel que te ve sin máscaras, sin títulos, sin armaduras... y aun así se queda. Es el que te acompaña en tu alegría sin envidia, y en tu tristeza sin prisa. El que celebra tus logros como propios y te abraza en el fracaso sin juicio.

Ser amigo es un acto de lealtad emocional. Es decir: *"Estoy contigo, no por lo que me das, sino por lo que eres."* Y mantenerse en ese compromiso cuando las cosas cambian, cuando la vida se sacude, cuando los caminos se bifurcan.

Hay amistades que sanan más que una terapia. Un café compartido, una conversación sin filtros, un silencio que no incomoda. Porque hay presencias que no hacen ruido, pero sostienen. Y hay palabras que no curan... pero acompañan... Los amigos verdaderos no necesitan estar de acuerdo en todo. Pueden pensar distinto, vivir diferente, incluso tomar caminos opuestos. Pero el respeto se mantiene. El cariño no se negocia. Y el lazo no se rompe, aunque la distancia se estire. Una amistad auténtica es hogar. Es refugio. Es ese lugar donde puedes llegar roto, sucio, confundido... y aun así ser bienvenido. Donde no te exigen estar bien para quedarte. Donde el alma puede respirar sin miedo a ser rechazada.

Hay amigos que llegan en la infancia y otros que aparecen en la adultez. Algunos se quedan para siempre, otros solo por una etapa. Pero todos, si fueron reales, dejan una huella. Y esa huella, con los años, se vuelve parte del alma.

La amistad verdadera no es posesiva. No exige exclusividad ni controla los afectos. Ama en libertad. Permite crecer, cambiar, alejarse un poco si hace falta... pero sin romper el hilo invisible que une el corazón con otro corazón. Los amigos de verdad están presentes, incluso cuando no pueden estar físicamente. Se sienten en una palabra oportuna, en un recuerdo compartido, en una oración silenciosa. Porque su amor no está en la presencia, sino en la permanencia del alma.

Cuando la vida duele, los amigos son medicina. Cuando todo se celebra, los amigos son fiesta. Cuando no sabemos qué hacer, ellos nos prestan claridad. Y cuando caemos… nos tienden la mano sin preguntar cuántas veces lo hemos hecho.

La amistad no se impone. Se cultiva. Se cuida. Se riega con escucha, se abona con confianza, se ilumina con sinceridad. No es perfecta, pero es real. No exige explicaciones constantes… pero sí autenticidad.

Hay amigos que se vuelven familia, y familia que se vuelve amiga. No importa de dónde vienen, sino cómo hacen sentir. Y a veces, un solo amigo basta para recordarnos que no estamos solos en este mundo.

Un "amigos para siempre" no es una frase decorativa. Es una promesa que se sostiene con hechos. Con presencia en los momentos claves. Con paciencia en las etapas de cambio. Con amor incluso cuando el otro no puede dar mucho.

A veces la vida separa a los amigos. Por países, por responsabilidades, por procesos internos. Pero si la amistad es verdadera, se adapta. Cambia de forma, pero no de esencia. Sigue siendo leal, aunque ya no sea cotidiana.

Los amigos de alma no compiten, no hieren por gusto, no desaparecen sin explicación. Se corrigen si hace falta, se dan espacio si es necesario, pero siempre… siempre regresan con respeto.

La amistad, cuando es sincera, es una forma de amor que no exige romanticismo para ser profunda. Es un vínculo sagrado, una alianza entre dos almas que se reconocen y se eligen, más allá de las diferencias y los altibajos.
Y cuando llega el día final, cuando la vida comienza a irse de a poco, lo que uno recuerda no es la cantidad de cosas que hizo… sino los rostros que caminaron a su lado. Los abrazos que sostuvieron, las risas compartidas, las manos que no soltaron.

Porque al final, si tuviste al menos un amigo real… entonces tu alma supo lo que era el amor. Y eso, en cualquier lenguaje, es eterno.

Lucas y Benjamín se conocieron en el patio de una escuela pública, jugando con una lata vacía que usaban como balón. Tenían nueve años y un hambre idéntica de aventuras, risas y libertad. Desde ese día, nunca más se separaron. Nadie decía sus nombres por separado. Eran **"Lucas y Benja"**.

Crecieron entre juegos, tareas compartidas, sueños de infancia y secretos de adolescencia. Se defendían mutuamente, se entendían sin hablar. Benjamín era más impulsivo, Lucas más sereno, pero se equilibraban como si hubieran sido hechos para cuidarse.

Cuando uno lloraba por un problema en casa, el otro ofrecía su hombro sin preguntar. Cuando la vida se ponía difícil, hacían planes para *"irse lejos y construir una vida juntos, como hermanos del alma"*. Juraron nunca traicionarse, nunca alejarse.

Pero la vida, como siempre, tenía sus propios planes. Al terminar la secundaria, Lucas ganó una beca para estudiar en el extranjero. Benjamín no pudo ir. Su familia lo necesitaba. La despedida fue silenciosa, con los ojos llenos de promesas que no sabían si podrían cumplir.

El tiempo pasó. Las llamadas se hicieron menos frecuentes. Las cartas dejaron de llegar. La vida adulta se impuso con trabajo, parejas, desafíos. Cada uno siguió su camino, pero en lo profundo… el otro seguía vivo.

Años más tarde, un mensaje llegó al buzón de Lucas. Era de Benjamín. No pedía nada. Solo decía: *"Estoy bien. Pensé en ti. Espero que aún recuerdes el patio, la lata, y todo lo que fuimos."* Al leerlo, Lucas sintió algo en el pecho que hacía años no sentía.

No dudó. Tomó un vuelo de regreso. Casi dos décadas después, volvió al barrio donde todo comenzó. Y ahí estaba Benjamín, en la misma esquina de siempre, ahora con más canas, pero con la misma sonrisa torpe. Se abrazaron largo, en silencio. Ninguno necesitó justificar la ausencia.

Pasaron horas hablando, riendo, recordando. No hablaron de culpas, ni del tiempo perdido. Solo celebraron que aún estaban vivos… y que la amistad no se había ido, solo había estado dormida.

Benjamín le mostró los dibujos de sus hijos, las fotos de su pequeña carpintería, las cartas que nunca envió. Lucas compartió su historia de ciudades, libros, logros y vacíos. Se miraron sabiendo que, aunque sus vidas fueron distintas, el lazo seguía intacto.

Pasaron el día caminando como antes. Comieron pan con chocolate, se sentaron en la acera, hablaron del cielo y de lo que aún soñaban. Y al caer la noche, Benjamín dijo:

—No somos los mismos… pero seguimos siendo nosotros.

Y Lucas respondió:

—Amigos para siempre… no era una promesa de niños. Era una verdad del alma.

Desde ese día, no volvieron a separarse. Ya no necesitaban verse a diario. Bastaba saber que estaban ahí. Que el otro existía. Que si algo pasaba, bastaba una palabra, una señal, una mirada.

Sus familias se conocieron, sus historias se entrelazaron. Y cuando uno enfermaba, el otro aparecía con sopa caliente o silencio compartido. Cuando uno reía, el otro celebraba. Cuando uno perdía, el otro sostenía.

Y en el funeral de Benjamín, años después, Lucas fue quien habló. No con discursos, sino con el corazón en la mano. Dijo:

—Mi hermano del alma no se ha ido. Vive en mí, en cada recuerdo, en cada lección. Él me enseñó que un amigo no es quien está siempre cerca… sino quien nunca se va del alma.

Colocó en su ataúd una lata vacía, como símbolo de aquel primer día. Todos los presentes lloraron. No por la muerte, sino por el milagro de haber presenciado una amistad tan verdadera.

Y Lucas, al salir, miró al cielo y dijo en voz baja:

**"Gracias por dármelo. Gracias por no permitir que lo olvidara. Gracias porque fuimos… amigos para siempre."**

## Para Reflexionar

### Amigos que no se van

No siempre están cerca,
pero nunca se van.
No siempre responden,
pero siempre sienten.

Son aquellos
que el alma reconoce
aunque el tiempo pase,
aunque los caminos cambien,
aunque la vida grite.

Están en una risa antigua,
en una palabra justa,
en una memoria que abraza.
Están…
aunque ya no estén.

Porque los amigos verdaderos
no son solo compañía,
son raíz,
son eco,
son hogar en el alma.

Y por eso,
aunque la historia avance,
aunque el mundo gire,
hay vínculos que el amor
hace eternos.

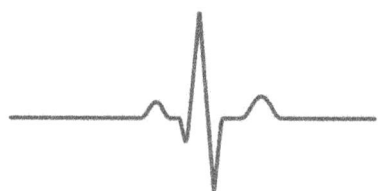

# Confundido pero no perdido

*Estar confundido no significa estar derrotado.*
*A veces, la niebla es parte del camino y también tiene algo que enseñarnos.*
*Mientras el corazón siga latiendo... el alma sigue buscando.*

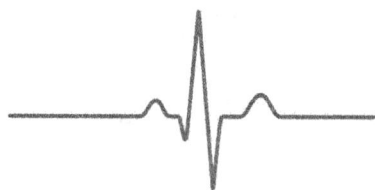

# Confundido pero no perdido

Hay etapas en las que no sabemos hacia dónde vamos. Días en que despertamos sin motivación, con preguntas sin respuesta y una niebla mental que cubre todo. No es depresión, no es derrota... es confusión. Es parte del viaje humano.

Estar confundido no significa estar derrotado. Es solo estar en tránsito. Es el momento en que el alma hace silencio, el corazón se reorganiza y la vida espera a que uno escuche con más profundidad. A veces, la claridad no llega... porque no estamos listos para verla.

La confusión suele aparecer después de una pérdida, un cambio o una decepción. Es la forma en que el alma se reacomoda. Nos obliga a parar, a mirar dentro, a preguntarnos si lo que estamos haciendo todavía se parece a lo que somos... Y aunque incomoda, la confusión es señal de movimiento interno. Nadie se confunde cuando todo está muerto por dentro. La confusión ocurre cuando algo comienza a despertar, aunque aún no sepa cómo expresarse.

En tiempos de confusión, no hace falta tomar grandes decisiones. Hace falta respirar, escribir, escuchar, sentir. Hace falta dejar de huir. Porque muchas veces la prisa por salir del caos... solo nos mete más profundo en él.

Estar confundido también puede ser un acto de honestidad. Es decir: "No sé quién soy ahora. No sé qué quiero aún. Pero estoy dispuesto a descubrirlo." Y eso, aunque duela, ya es un paso hacia la luz.

Hay momentos en que uno se pierde de las versiones que otros crearon de uno mismo. Se pierde de las expectativas, de los planes, de los caminos trazados por costumbre. Y en esa pérdida... comienza el verdadero encuentro.

No siempre hay mapas. A veces solo hay intuición. Una señal suave. Un pensamiento que regresa. Una persona que aparece justo cuando más se necesita. La vida, incluso en la niebla, sigue enviando señales. Hay que estar despierto para notarlas.

La confusión puede enseñarnos lo que realmente importa. Porque cuando todo se tambalea, descubrimos qué nos sostiene de verdad. Qué personas siguen. Qué valores resisten. Qué sueños no mueren, aunque estén dormidos.

Hay belleza en no saberlo todo. Porque en ese vacío, uno se vuelve más humilde. Más receptivo. Más humano. Y empieza a escuchar cosas que antes ignoraba: la voz interior, la necesidad de pausa, el anhelo del alma.

A veces, la mente dice: **"Estamos perdidos."** Pero el alma responde: *"Solo estamos reacomodándonos."* Y esa voz, aunque suave, es suficiente para no rendirse. Porque quien está confundido… aún está buscando. Y buscar es amar la verdad.

Ser fuerte no es tener todas las respuestas. Es mantenerse en pie mientras llegan. Es no apagar la fe mientras se espera. Es no abandonar el corazón cuando todo parece incierto. Es abrazar el proceso, aunque aún no tenga forma.

Cuando te sientas confundido, no te castigues. Agradece. Porque el alma se mueve. Porque algo dentro de ti se niega a vivir en automático. Porque aún en medio del caos… algo en ti quiere luz.

Los grandes cambios comienzan con grandes preguntas. Y las grandes preguntas nacen en la confusión. Nadie transforma su vida desde la certeza. Lo hace desde la inquietud, desde el **"no sé",** desde el punto donde ya no hay lugar para seguir fingiendo. Confundido no es sinónimo de perdido. Perdido es quien ya no quiere buscar. Confundido es quien, aunque no vea claro, sigue caminando. Aunque no entienda todo, sigue sintiendo. Aunque no tenga mapa… aún cree que hay destino.

Y al final, uno mira atrás y se da cuenta de que incluso los días más nublados fueron parte del camino. Que incluso la niebla tenía lecciones. Que incluso las dudas… fueron formas secretas de aprender a confiar.

Porque el alma, aunque se confunda, nunca se pierde. Siempre recuerda el camino. Solo hay que tener la humildad de dejarse guiar.

Marina tenía 38 años y una vida que desde afuera parecía ordenada: un empleo estable, una relación de muchos años, un apartamento decorado con buen gusto. Pero algo en su interior se había apagado. No era tristeza... era un vacío extraño que no sabía nombrar.

Todo empezó cuando, una mañana cualquiera, se miró al espejo y no se reconoció. Se preguntó si esa vida que llevaba era realmente suya o solo una acumulación de decisiones prácticas. Sentía que algo faltaba, pero no sabía qué. Y eso la asustaba más que cualquier crisis.

Intentó ignorarlo. Llenó su agenda de compromisos, salidas, tareas. Pero el alma no se distrae con facilidad. La incomodidad seguía allí. Se volvió más callada, más introspectiva. Sus amigos lo notaron, pero ella solo decía: *"Estoy bien, solo algo confundida."*

Una noche, mientras lavaba los platos, se le cayeron las lágrimas sin razón aparente. Era como si su cuerpo hubiera decidido hablar por ella. Esa fue la primera vez que se permitió aceptar que no sabía quién era ahora, ni qué quería. Y en ese reconocimiento... comenzó la transformación.

Pidió una semana libre en el trabajo. No para viajar, sino para estar sola. Se fue a una casa pequeña en las montañas que un tío le prestó. Sin señal, sin correos, sin distracciones. Solo ella, una libreta y su alma al desnudo.

Los primeros días fueron inquietantes. El silencio pesaba. No sabía qué hacer con tanto tiempo libre. Pero poco a poco, comenzó a escribir. No historias, no proyectos... sino preguntas. Preguntas que llevaba años evitando:
**¿Quién soy sin mi trabajo? ¿Qué me hace vibrar? ¿A quién intento complacer?**

Comenzó a caminar cada mañana por el bosque. Escuchaba el sonido de las hojas, el canto de los pájaros. Y en esa sencillez, algo empezó a despertar. No era claridad aún, pero era presencia. Y esa presencia le devolvía el aliento.

Un día, se sentó frente al lago y cerró los ojos. No pidió respuestas. Solo respiró. Y por primera vez en mucho tiempo, sintió calma. Comprendió que no tenía que tener todo resuelto para estar en paz. Que podía habitar la confusión sin dejarse consumir por ella.

Al volver a casa, no lo hizo con certezas, pero sí con otra energía. Habló con su pareja con honestidad. Se dio espacio. No tomó decisiones radicales, pero comenzó a elegir distinto: más desde el corazón, menos desde el deber.

Cambió su rutina. Empezó a estudiar algo que siempre había postergado: arte. Pintaba sin técnica, pero con alma. Y cada trazo era una forma de decirse a sí misma: *"Estoy volviendo."*

Sus amistades también cambiaron. Algunas se alejaron. Otras se volvieron más profundas. Porque Marina ya no fingía estar bien. Y eso, aunque incomodaba a algunos, le abrió la puerta a relaciones más verdaderas.

Un año después, aún decía: *"Sigo confundida en algunas cosas."* Pero lo hacía con una sonrisa. Porque ya no le temía a no saber. Había entendido que el alma no siempre se revela con prisa, y que la claridad llega… cuando uno está listo para recibirla.

En su diario escribió:
**"No saber me salvó. Me obligó a detenerme, a soltar lo que no era mío, a escuchar lo que había ignorado por años. Me sentía perdida, pero en realidad… solo estaba tomando un nuevo rumbo."**

Y cuando una amiga le confesó que también se sentía confundida, Marina no dio consejos. Solo dijo:
—Respira. No huyas. Estás más cerca de ti misma de lo que crees.

Con el tiempo, su vida tomó otra forma. No más perfecta, pero sí más real. Y cuando alguien le preguntaba cómo lo logró, ella respondía con suavidad:
—No lo logré… me rendí. Y fue ahí donde todo comenzó a sanar.

Porque a veces, estar confundido no es el final.
Es solo el alma… pidiendo espacio para renacer.

## Para Reflexionar

### La niebla también guía

No sé a dónde voy,
pero ya no tengo miedo.
Porque he aprendido
que estar confundido
también es parte del camino.

La claridad no siempre llega con luz,
a veces llega con calma.
Y el alma,
aunque no lo diga,
sabe más de lo que confiesa.

No estoy perdido…
estoy encontrándome.
Y mientras camino,
aunque a veces dude,
sé que cada paso…
me acerca más a mí.

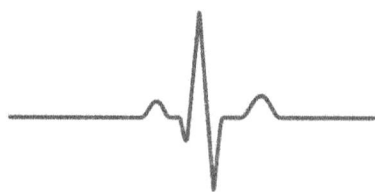

# Desde una tierra lejana

*Hay encuentros que cruzan distancias invisibles.*
*Desde tierras lejanas llegan también señales, respuestas, voces que sanan.*
*La verdad, cuando es profunda, trasciende fronteras.*

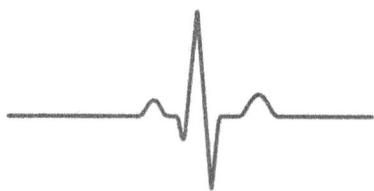

# Desde una tierra lejana

Hay lugares donde uno no planeó llegar, pero la vida lo llevó. A veces por necesidad, otras por decisión, y otras tantas porque el alma lo pidió en silencio. Esas tierras lejanas no siempre son geográficas. A veces están dentro de uno mismo.

Desde una tierra lejana, todo se ve distinto. El pasado se vuelve más claro, las heridas más visibles, las decisiones más profundas. El silencio pesa más. La nostalgia se vuelve maestra. Y la identidad se reordena sin permiso.

Estar lejos no es solo cuestión de kilómetros. Es una experiencia interior. Es estar separado de lo conocido, lo cotidiano, lo seguro. Y desde esa lejanía, uno empieza a mirar con otros ojos: los de la conciencia que crece.

La distancia no siempre es dolorosa. A veces es necesaria. Porque desde lejos se valoran cosas que antes se daban por hechas. Se comprende lo que no se entendía. Se llora lo que no se permitió llorar. Y se ama… con más verdad.

Hay quienes parten para olvidar. Otros, para sobrevivir. Algunos, para buscar algo que no sabían que les faltaba. Pero todos, en algún momento, se encuentran con su reflejo más real. Porque en la tierra lejana, ya no se puede fingir.

Desde lejos, el corazón se vuelve más sincero. Es como si el alma, al estar fuera de su zona cómoda, decidiera hablar más claro. Los recuerdos vuelven. Los sueños piden ser rescatados. Las emociones olvidadas tocan la puerta.

La tierra lejana te confronta. Te pregunta quién eres sin los tuyos, sin tus rutinas, sin tu idioma. Te obliga a crear una nueva raíz, a descubrir si lo que llevas dentro es suficiente para sostenerte.

Y en ese proceso, uno cambia. No de forma radical, pero sí esencial. Se aprende a escuchar más, a observar más, a valorar el silencio. Se descubre que uno puede llorar en un idioma… y sanar en otro.

Desde lejos, también se ama distinto. Se ama a la familia con nostalgia. A los amigos con gratitud. A la tierra natal con una ternura que antes no se conocía. Se sueña con volver… y también se sueña con quedarse.

A veces se vive con la maleta medio hecha, con el corazón partido entre dos mundos. Y eso, aunque parezca frágil, es una forma profunda de crecer. Porque vivir dividido… es también vivir expandido.

Hay quienes se pierden en tierras lejanas. Pero también hay quienes se encuentran. Porque el alma, cuando se aventura, no siempre busca respuestas. A veces solo busca recordar lo que había olvidado de sí misma.

Estar lejos puede doler. Pero también puede despertar. Puede mostrar que el hogar no siempre es una casa, sino una certeza interior. Que uno puede sentirse completo en cualquier parte, si ha hecho las paces con lo que lleva dentro.

Desde lejos, las cartas pesan más. Las videollamadas se vuelven rituales. Los abrazos soñados se convierten en esperanza. Y cada palabra enviada se vuelve puente, semilla, consuelo.

Uno aprende a celebrar lo pequeño: un mensaje inesperado, una canción en tu idioma, una comida que recuerda tu infancia. Porque en la lejanía, los detalles tienen más alma.

También se aprende a vivir con la soledad. No como castigo, sino como espacio sagrado. Como templo donde uno reza, llora, ríe, y se reconstruye sin testigos.

Desde una tierra lejana, uno se vuelve más fuerte. Porque no hay atajos. Hay que aprender, adaptarse, equivocarse, comenzar de nuevo. Y en esa travesía, se forja un carácter que ya no depende de las circunstancias.

Pero también se vuelve más tierno. Porque se extraña, se sueña, se necesita. Y en esa vulnerabilidad, se despierta una compasión por uno mismo y por los demás que no existía antes.

La distancia enseña a soltar. A perdonar. A esperar. A confiar. Porque no todo está al alcance. Y al aceptar eso, uno aprende a vivir con más fe… y menos control.

Desde lejos, uno entiende que no todo regreso será igual. Que uno cambia, que los otros también cambian. Pero si el amor es verdadero, la conexión permanece. Y eso es lo que realmente importa.

Porque al final, uno no es solo de donde nació…
también es de donde renació.
Y a veces, el alma se encuentra más viva…
**desde una tierra lejana.**

Samuel no quería irse. Pero el hambre en casa, las deudas acumuladas y la mirada cansada de su madre lo empujaron a tomar la decisión. A los treinta y dos años, dejó su tierra natal, su barrio, sus amigos... y voló hacia un país desconocido con una maleta prestada y un corazón temblando.

Los primeros meses fueron difíciles. El idioma era extraño, el frío calaba hasta los huesos, y los silencios pesaban más que el cansancio. Trabajaba en lo que encontraba: limpieza, cargando cajas, ayudando en cocinas. Cada noche, al cerrar los ojos, se preguntaba si todo ese sacrificio valía la pena.

Extrañaba el olor del café de su madre, las risas en la esquina, el sonido de los motoconchos al amanecer. En las calles del nuevo país, todo le parecía ajeno. Pero dentro de él, algo se mantenía encendido: la esperanza. Esa que no entiende de lógicas, pero empuja sin pedir permiso.

Samuel escribía cartas que nunca enviaba. Les hablaba a sus hermanos, a su hija pequeña, al barrio entero. Esas cartas se volvieron su refugio. Las palabras que no decía en voz alta, las convertía en tinta. Y en ellas descubrió que su alma seguía viva.

Una noche, luego de una jornada extenuante, se sentó en un parque cubierto de hojas secas. Miró al cielo y rompió en llanto. No por debilidad, sino porque ya no podía fingir fuerza. Y en ese llanto, comprendió que no había fallado. Solo estaba aprendiendo a empezar de nuevo.

Comenzó a hacer amistades con otros migrantes. Cada uno con su historia, su acento, su nostalgia. Y entre ellos, encontró familia. No de sangre, pero sí de alma. Se apoyaban, se reían, se sostenían. Samuel entendió que el amor también florece lejos de casa.

Aprendió a cocinar su propio sazón en una cocina extranjera. Puso fotos en la pared. Hablaba con su hija por videollamada y le contaba historias como si nunca se hubieran separado. Ella reía. Él lloraba cuando colgaban. Pero se sentía vivo. Útil. Presente.

Pasaron tres años. Samuel ya tenía un empleo fijo, ahorraba, estudiaba inglés en las noches. Su rostro estaba más maduro, sus manos más firmes. Pero lo más profundo era invisible: su espíritu era más sabio. Más agradecido. Más sereno.

Volvió a su tierra de visita. El barrio lo recibió con abrazos largos. Su madre, con lágrimas. Su hija, con un dibujo. Y él, al mirarlos, supo que la distancia no había roto nada... solo lo había transformado.

Le preguntaron si regresaría para quedarse. Samuel sonrió y dijo:
—Ya no sé dónde está mi casa. Pero sí sé dónde está mi corazón. Y mientras esté con ustedes... estoy en paz.

Entendió que no todos los que parten olvidan. Ni todos los que se quedan entienden. Pero lo importante no es explicar el viaje... sino honrarlo.

Desde esa tierra lejana, Samuel no solo había enviado dinero. Había enviado su fuerza, su amor, su valentía. Y también se había regalado a sí mismo una nueva versión... una que no habría nacido si no se hubiera alejado.

Cuando volvió a marcharse, ya no fue con dolor, sino con gratitud. Porque ahora sabía que no importa la distancia... si el alma sigue conectada.

Y escribió en una servilleta, antes de subir al avión:
**"A veces uno parte para sostener a los suyos...**
**y regresa para reencontrarse con uno mismo."**

## Para Reflexionar

### *Desde lejos también se ama*

No estoy donde nací,
pero sigo siendo de allá.
No piso mi tierra,
pero la llevo en la voz,
en la forma en que abrazo,
en lo que sueño en silencio.

Desde lejos también se ama,
también se reza,
también se recuerda.

Y aunque el cuerpo esté lejos,
mi alma sabe volver
en cada palabra,
en cada llamada,
en cada suspiro
que lleva tu nombre.

*Porque a veces partir*
*no es alejarse...*
*es crecer con el corazón mirando atrás.*

# Décimo sexto canto

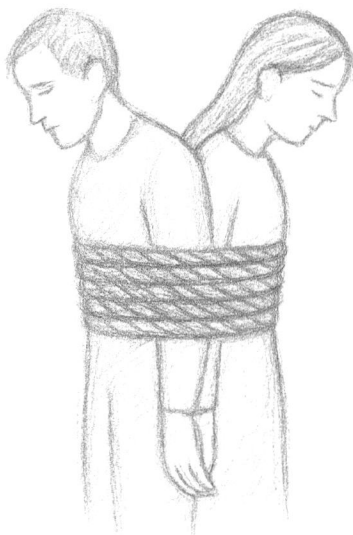

# Una prisión llamada apego

*No todas las prisiones tienen barrotes.*
*El apego encadena el alma al miedo, a la pérdida, al vacío.*
*Liberarse no es dejar de amar, es aprender a hacerlo sin dependencia.*

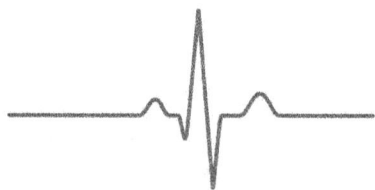

# Una prisión llamada apego

El apego se disfraza de amor, de fidelidad, de compromiso... pero en el fondo, es miedo. Miedo a perder, a quedarse solo, a no saber quién se es sin lo que se aferra. Y ese miedo, si no se nombra, si no se sana, encierra al alma en una prisión invisible... No todo lo que se ama se necesita retener. No todo lo que se va te está abandonando. A veces, soltar es el acto más profundo de amor. Y quedarse por miedo... el más doloroso de los engaños... El apego nace del vacío no resuelto.

De las heridas de la infancia, del abandono vivido o temido, de la necesidad de controlar lo que en realidad no depende de uno. Y se convierte en una sombra que consume lo que toca.

Nos apegamos a personas, a lugares, a costumbres, a ideas, a versiones de nosotros mismos que ya no existen. Nos aferramos creyendo que sin eso no sabremos quién somos. Pero el alma, para crecer, necesita desaprender, vaciarse, renovarse.

Hay relaciones que duelen no porque el otro se haya ido, sino porque nos negamos a dejar ir. Hay trabajos que nos agotan porque no sabemos cómo vivir sin ese rol. Hay heridas que persisten porque nos apegamos incluso al sufrimiento conocido.

El apego no es lo mismo que el amor. El amor es libre, respira, respeta. El apego asfixia, exige, encadena. Uno te eleva, el otro te atrapa. Uno confía, el otro teme. Y aprender la diferencia es una de las claves para vivir en paz.

Desapegarse no es dejar de amar. Es aprender a amar sin poseer. Es mirar al otro y decirle: *"Eres libre. Y yo también."* Es soltar lo que duele sin negar que dolió. Es permitir que la vida fluya, sin forzar lo que ya cumplió su ciclo.

Muchos se quedan por costumbre, por culpa, por miedo al cambio. Se sienten vacíos, pero permanecen. Y mientras más se aferran, menos viven. Porque la plenitud no nace de lo que se retiene... sino de lo que se honra y se suelta a tiempo.

El alma no está hecha para jaulas, aunque sean doradas. Está hecha para expandirse. Para amar sin condiciones. Para dejar ir sin perder su esencia. Y el apego, cuando no se transforma, corta esas alas invisibles.

No es fácil soltar. Pero es más difícil vivir aferrado a algo que ya no vibra contigo. El alma lo sabe. Lo susurra en forma de insomnio, de ansiedad, de ese dolor sin nombre que aparece cuando uno ya no puede fingir que todo está bien.

El primer paso es reconocer el apego. Llamarlo por su nombre. Mirarlo sin juicio. Y luego, preguntarse: **"¿Qué temo perder realmente? ¿Y qué pasaría si dejo espacio para algo nuevo?"** Porque muchas veces lo nuevo llega… cuando lo viejo se despide.

Hay apegos heredados, aprendidos, repetidos. Historias que imitamos sin saber. Pero cada uno puede elegir. Puede sanar. Puede decir: *"Gracias por lo vivido… ahora me permito soltar."* Y ese permiso… lo cambia todo.

Soltar no es olvidar. Es liberar. Es agradecer el aprendizaje y dejar que lo que fue… se acomode en el alma como memoria, no como carga. Es confiar en que lo que es tuyo, siempre encuentra la forma de quedarse sin forzar.

El desapego no se logra en un día. Es un proceso. Un acto de conciencia constante. Pero cada pequeño paso cuenta. Cada límite sano que marcas. Cada silencio que escuchas. Cada vez que eliges la paz sobre la repetición del dolor.

Quien aprende a soltar, se vuelve más liviano. No porque no ame… sino porque ama mejor. Porque deja espacio para que la vida lo sorprenda. Porque ya no lucha con lo que no depende de él.

El alma libre no necesita poseer para sentirse completa. Sabe que todo lo que ama, si es verdadero, se queda de alguna forma. Y lo que se va... deja una enseñanza. Un lugar vacío que luego será lleno por algo más luminoso...

Vivir sin apego no es vivir sin vínculos. Es vivir con vínculos sanos. Donde hay libertad, respeto, autenticidad. Donde nadie tiene que quedarse por obligación, y todos eligen quedarse por amor.

*Porque al final, el alma no pide que todo se quede...*
*solo pide que lo que se quede, lo haga sin cadenas.*

Elena estuvo enamorada de Tomás por más de diez años. O eso pensaba. En realidad, lo que la ataba no era solo el amor, sino el miedo. Miedo a empezar de nuevo, a estar sola, a no encontrar a alguien más que la mirara como él lo hacía al principio.

Los primeros años fueron dulces. Risas, viajes, planes. Pero con el tiempo, la relación se volvió frágil, distante, desigual. Tomás era ausente, frío, impredecible. Y Elena, en lugar de soltar, se aferró con más fuerza. Creía que si se esforzaba lo suficiente, él volvería a ser el de antes.

Amaba la idea de él, más que a él mismo. Lo justificaba, lo perdonaba, se culpaba. Pensaba que algo estaba mal en ella. Que si cambiaba, si era más comprensiva, él volvería a quedarse con el alma entera. Pero cada día que pasaba, se sentía más vacía.

Una noche, al mirarse en el espejo, se preguntó: *"¿Cuánto de mí he entregado para sostener algo que ya no me sostiene?"* Y no supo qué responder. Porque ya no reconocía quién era sin esa historia que tanto la desgastaba.

Un día, él simplemente dejó de responder. No hubo despedida, ni explicaciones. Solo silencio. Elena sintió que el mundo se rompía. Pero en ese mismo silencio... comenzó su despertar.

Lloró durante semanas. No por amor, sino por apego. Por la costumbre. Por el vacío. Por todo lo que había dejado de ser para aferrarse a alguien que ya no estaba. Y en ese llanto, algo dentro de ella comenzó a resurgir.

Empezó a escribir. A caminar sola. A mirarse sin culpa. Se rodeó de amigas que la habían esperado en silencio. Volvió a pintar, algo que no hacía desde que era niña. Y en cada trazo, en cada palabra, fue soltando pedacitos de ese amor que nunca fue sano.

Descubrió que podía dormir sin miedo, comer sin ansiedad, reír sin permiso. Que su valor no dependía de quién se quedaba, sino de cómo ella decidía habitarse. Y eso... fue libertad.

Pasaron los meses. Tomás volvió con excusas, con gestos aprendidos, con promesas vacías. Pero ya era tarde. Elena ya no lo necesitaba. No porque lo odiara, sino porque había aprendido a amarse más.

Lo miró con ternura y le dijo:
—No me rompiste. Solo me mostraste cuánto me había abandonado a mí misma. Y ya no estoy dispuesta a volver a esa prisión.

Desde entonces, su vida cambió. No fue perfecta. Hubo días de nostalgia, de dudas, de tropiezos. Pero también hubo días de paz. De ligereza. De amor propio. De volver a sentirse viva sin depender de nadie.

Comenzó a dar charlas sobre relaciones conscientes. No como experta, sino como testigo de su propio proceso. Ayudaba a otras mujeres a reconocer el apego, a sanar, a reencontrarse.

Una joven le preguntó en una de esas charlas:
—¿Cómo supiste que era hora de soltar?
Y ella respondió con una sonrisa serena:
—El día que entendí que amar no debía doler todo el tiempo.

Años más tarde, ya con el corazón libre, conoció a alguien nuevo. No la rescató. No la completó. Solo la acompañó. Y eso fue suficiente. Porque ahora sabía que una relación sana no nace del miedo a perder, sino de la libertad de compartir.

En su diario escribió:
**"No lo perdí a él. Me recuperé a mí. Y eso fue el mayor acto de amor de toda mi vida."**

Y cuando miraba hacia atrás, ya no dolía. Solo agradecía. Porque esa prisión llamada apego fue, al final, la puerta que la llevó a su verdadera libertad.

## Para Reflexionar

### Solté... y volví a mí

Solté la mano que ya no sostenía,
el abrazo que dolía,
la espera que marchitaba.

Solté el miedo,
la culpa,
el deseo de ser suficiente para quedarme.

Y en ese acto,
no perdí...
me encontré.

Descubrí que no era falta de amor...
era exceso de olvido hacia mí.

Y al salir de la prisión del apego,
volví a caminar...
liviana,
libre,
y más mía que nunca.

# Décimo séptimo canto

# Sobrenatural

*Lo sobrenatural no siempre brilla, a veces susurra.*
*Es la fuerza invisible que aparece cuando ya no queda nada más.*
*Donde la lógica termina… comienza la fe.*

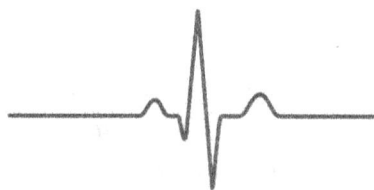

# Sobrenatural

Hay cosas que escapan a toda lógica. Momentos en que uno siente una presencia, una certeza, una fuerza que no viene de la razón. No es imaginación. No es fantasía. Es una manifestación sutil que toca el alma y transforma la percepción. Es lo sobrenatural.

Lo sobrenatural no siempre aparece con ruido. A veces llega en forma de paz en medio del caos. En una lágrima que no duele. En una palabra exacta dicha por alguien que no sabía nada. O en un abrazo que sana más de lo que se explica.

Muchos piensan que lo sobrenatural es ver ángeles o escuchar voces. Pero no siempre es así. A veces, lo más sobrenatural es sobrevivir. Sanar. Perdonar. Seguir de pie cuando todo parecía perdido. Eso también es un milagro.

El alma está conectada con algo más grande. No todos lo sienten igual, pero todos lo llevan dentro. Algunos lo llaman Dios, otros universo, otros energía. Lo cierto es que hay algo que guía, que cuida, que llama sin palabras.

En algún momento, todos experimentamos algo que no podemos explicar. Un sueño que anticipó algo. Una corazonada que salvó. Una coincidencia que parecía imposible. Un encuentro que cambió todo. Y en esos detalles... se asoma lo eterno.

Lo sobrenatural no niega la lógica. Solo la expande. No contradice la ciencia, pero recuerda que el alma también tiene su sabiduría. Y que no todo lo verdadero necesita pruebas. Algunas cosas se sienten, y eso basta.

Hay días en que uno se siente acompañado sin saber por quién. En que una canción parece respuesta. En que el viento sopla justo cuando uno lo necesita. Esos momentos no son casualidad. Son mensajes. Susurros del cielo.

También hay noches en que el dolor es tan fuerte que uno cree que no puede más… y de repente, algo cambia. Llega un consuelo sin razón, una presencia invisible, una paz que no tiene explicación. Y uno sabe que fue sostenido por algo más grande.

Lo sobrenatural es lo que toca sin manos, lo que habla sin voz, lo que abraza sin cuerpo. Es lo que hace que el alma recuerde de dónde viene, aunque el cuerpo lo haya olvidado.

En el mundo de lo invisible también habitan respuestas. No todas son inmediatas, pero llegan. A veces en símbolos, otras en silencios. A veces en personas que aparecen solo para darte el mensaje que estabas esperando.

Hay lugares que tienen una energía especial. Espacios donde el alma se siente más liviana, más conectada. Son portales. Espacios sagrados. No porque sean famosos, sino porque ahí alguien sanó, oró o amó con tanta fuerza que dejó huella.

Lo sobrenatural también se manifiesta en el arte, en la música, en el amor. Hay pinturas que conmueven más que un discurso. Canciones que dicen lo que uno nunca supo expresar. Miradas que atraviesan vidas. Todo eso también es sagrado.

A veces, lo sobrenatural nos mueve a cambiar de rumbo. A dejar algo. A comenzar algo. Y aunque no entendamos por qué… sentimos que es lo correcto. El alma lo sabe antes que la mente lo entienda.

Muchos tienen miedo de lo invisible porque no lo controlan. Pero la fe es confiar sin ver. Y a veces, cuando uno se rinde a lo que no entiende, lo que llega es más grande que cualquier explicación.

Lo sobrenatural no hace distinción de religión, de cultura, de origen. Se manifiesta donde hay apertura. Donde hay un corazón dispuesto. Donde hay silencio suficiente para escuchar lo que no hace ruido.

La oración sincera, el llanto profundo, el perdón real… abren puertas que los ojos no ven. Y al cruzarlas, uno vuelve a casa sin haber salido de sí mismo.

También hay personas que parecen estar más conectadas con ese plano. No porque sean especiales, sino porque han decidido escuchar. Son faros. Caminan con el cielo en la mirada. Y cuando te cruzas con ellas… algo dentro de ti también despierta.

Lo sobrenatural no busca asombrar. Busca despertar. Recordarnos que somos más que carne, más que pensamientos, más que historias. Somos espíritu en viaje. Y ese espíritu… nunca está solo.

La intuición, el presentimiento, la sensación de que algo va a pasar: son lenguajes del alma. No los descartes. Escúchalos. Pregúntales. Honra esa sabiduría silenciosa que vive en ti desde antes de nacer.

Porque vivir sin espacio para lo sobrenatural… es vivir con los ojos abiertos y el alma dormida. Y el alma vino a recordar lo que la mente no puede retener: que hay un mundo invisible sosteniéndonos… incluso cuando no lo vemos.

Raúl nunca había creído en milagros. Era un hombre práctico, de esos que necesitan pruebas, hechos, lógica. Su vida giraba entre el trabajo, su taller de carpintería, y las rutinas que lo mantenían en control. No hablaba de fe, ni de alma. Para él, todo tenía una causa explicable.

Un día, recibió una llamada inesperada. Su madre, una mujer fuerte y alegre, había sufrido un derrame cerebral. Quedó en coma. Los médicos dijeron que era poco probable que despertara. Algo en Raúl se rompió. Por primera vez, la lógica no le servía.

Pasó noches enteras junto a ella, hablándole, sin saber si lo escuchaba. Le contaba anécdotas, le pedía que volviera, le ponía su música favorita. Y en medio de ese silencio tan profundo, sintió que algo más lo acompañaba.

Una madrugada, mientras dormitaba en la silla, soñó que su madre le sonreía y le decía:
—No tengas miedo, hijo. Estoy siendo cuidada. Hay cosas que no ves, pero que están pasando.

Despertó con el corazón acelerado. Todo en la habitación seguía igual, pero el aire era distinto. Se sentía tibio, sereno, como si alguien invisible hubiera pasado por ahí. No dijo nada, pero en su interior, algo se encendió.

Esa mañana, pidió entrar solo a la habitación. Se acercó a su madre, tomó su mano, y por primera vez en años… oró. No sabía qué decir, pero sus lágrimas hablaron por él. Solo pidió que se hiciera lo correcto. Que su madre no sufriera. Que pudiera sentir paz.

Durante los días siguientes, comenzaron a ocurrir cosas extrañas. Una enfermera nueva le dijo que sentía algo especial en esa habitación. Un voluntario se acercó a él sin conocerlo y le dijo: *"No pierdas la fe, los milagros suceden."* Raúl no sabía qué pensar.

Una tarde, mientras sostenía la mano de su madre, comenzó a cantarle una canción que ella siempre le cantaba de niño. Al llegar al estribillo, sintió un leve apretón en su mano. Miró sorprendido. Su madre seguía con los ojos cerrados, pero esa señal fue suficiente.

Los médicos no pudieron explicarlo. Dijeron que quizás era un reflejo. Pero Raúl supo que no lo era. Sintió algo en su pecho, como si una puerta se hubiera abierto. Y por primera vez, aceptó que no todo necesita explicación para ser real.

Pasaron dos semanas. Su madre comenzó a mover los ojos, a responder a estímulos. Lentamente, fue recuperando signos de conciencia. Los especialistas hablaban de "sorpresas clínicas". Raúl lo llamaba por otro nombre: esperanza sobrenatural.

Al recuperarse, su madre le dijo que había soñado que estaba en un campo con flores blancas y que una luz cálida la rodeaba. Le dijeron que aún no era su momento. Que su hijo la necesitaba. Y despertó. Raúl no supo qué decir. Solo la abrazó en silencio.

Después de aquella experiencia, algo cambió en él. No se volvió religioso, pero sí más espiritual. Ya no descartaba lo invisible. Aprendió a escuchar su intuición. A confiar en los silencios. A agradecer por todo lo que no podía explicar, pero sí sentir.

Volvió a su taller de carpintería, pero ahora cada pieza la hacía con más alma. Escribía pequeñas frases detrás de cada obra que entregaba. Una decía: *"Lo que sostiene no siempre se ve."* Otra: *"Hay manos que te cuidan, incluso cuando no las ves."*

La gente decía que Raúl tenía una energía distinta. Que su voz era más suave, que su mirada era más profunda. Él solo respondía:
—Una vez vi lo invisible… y desde entonces, ya no vivo igual.

Compartió su historia con otros. No para convencer, sino para acompañar. Para decirles que, a veces, cuando todo parece perdido, lo sobrenatural se manifiesta. No para asombrar, sino para recordarnos que el cielo aún nos escucha.

Un día, escribió en su libreta:

*"Lo más grande que me pasó, no se puede fotografiar ni demostrar. Pero vive en mí. Y cada vez que respiro, sé que no estoy solo."*

Desde entonces, Raúl camina con más calma. Con menos certezas y más fe. Ya no le teme a lo inexplicable. Lo honra. Lo nombra. Lo espera. Porque una vez lo tocó… y lo cambió para siempre.

## Reflexión final

### Lo que no se ve… también sostiene

No lo vi venir,
pero lo sentí.
Una paz sin forma,
una voz sin sonido,
una presencia sin cuerpo
que me sostuvo
cuando yo ya no podía.

No era un sueño,
ni una fantasía.
Era algo más.
Era el alma
recordando
que no está sola.

Y desde ese día,
aunque todo parezca igual,
camino con la certeza
de que hay algo más grande
que me cuida,
me guía,
y me ama…
desde lo invisible.

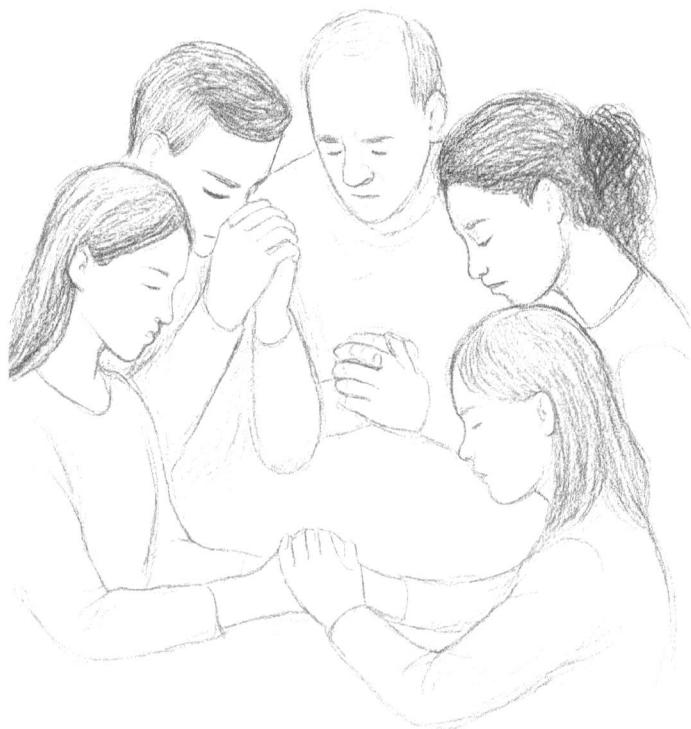

# Una fe colectiva para un milagro maravilloso

*Cuando muchos corazones se unen en fe, el cielo se inclina.*
*La esperanza compartida tiene poder.*
*Porque el milagro más grande no es el que se ve… es el que transforma desde adentro.*

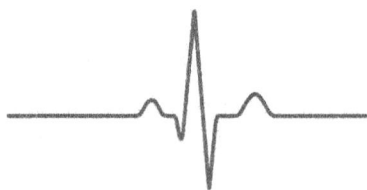

# Una fe colectiva para un milagro maravilloso

La fe individual es poderosa. Pero cuando muchas almas se unen en una misma intención, el universo entero parece detenerse para escuchar. Porque cuando el dolor o el amor convocan a la unidad… el milagro se acerca, paso a paso.

Una fe colectiva nace en los momentos de urgencia, de esperanza compartida, de necesidad profunda. No importa la religión, el idioma o la historia personal. Lo que importa es que muchos corazones laten por lo mismo: un cambio, una sanación, una señal.

En hospitales, en templos, en calles, en campos… se han visto personas orar juntas por alguien que ni siquiera conocen. **¿Por qué lo hacen?** Porque saben, desde el alma, que lo invisible responde mejor cuando el clamor es sincero y compartido.

Hay quienes nunca se han mirado a los ojos, pero se unen en una cadena de oración. Otros que se toman de las manos sin saber sus nombres. Y aun así, en ese gesto, en ese silencio unido, ocurre algo: se abre una puerta entre lo humano y lo divino.

La fe colectiva no necesita gritar. Basta una vela encendida, un pensamiento elevado, una canción que vibre en el alma. Porque cuando la intención es pura, el universo se alinea. Y eso que parecía imposible… comienza a cambiar.

Muchos milagros han ocurrido en lugares humildes. No en catedrales, sino en casas sencillas, en camas de hospital, en esquinas olvidadas. Lo que los hizo especiales no fue el lugar, sino las almas que creyeron juntas.

La energía de muchas personas enfocadas en una misma petición crea una vibración poderosa. Es como un río espiritual que fluye y transforma. No todos lo entienden. No todos lo ven. Pero quienes lo han sentido… ya no pueden negarlo.

Una madre orando por su hijo enfermo, rodeada de vecinas que se turnan para acompañarla. Un pueblo entero esperando buenas noticias. Un grupo de amigos ayunando por la vida de alguien querido. Todos esos actos crean puentes entre lo finito y lo eterno.

No siempre el milagro ocurre como se espera. A veces, no hay curación, pero sí paz. No hay regreso, pero sí comprensión. Y eso también es un milagro. Porque lo que transforma el alma… siempre es sobrenatural.

La fe colectiva enseña humildad. Nos recuerda que no podemos solos. Que necesitamos del otro, del abrazo, de la voz del que cree cuando nosotros flaqueamos. Es una red invisible que sostiene cuando ya no hay fuerzas.

Cuando muchas personas oran o visualizan lo mismo, algo se eleva. El ego se disuelve. La individualidad se expande. Y se crea un campo donde lo divino puede manifestarse sin obstáculos. Un terreno fértil para lo extraordinario.

En esas reuniones donde se reza o se canta al unísono, no es solo el sonido lo que importa… es la intención. El alma se hace voz. Y la voz se vuelve camino para que lo sagrado descienda, toque, abrace, transforme.

La ciencia aún no puede explicar muchos de estos fenómenos. Pero los testimonios se multiplican. Personas que despertaron cuando ya no había esperanza. Noticias que cambiaron de rumbo sin explicación. Y detrás de todo, siempre… muchas almas orando.

La fe colectiva también puede sanar comunidades enteras. Cuando una tragedia golpea, cuando una pérdida duele a muchos, se genera una cadena de amor que consuela, reconstruye y da sentido.

En esos momentos, uno entiende que el milagro no es solo el resultado… es también el proceso. Es la unión, el consuelo mutuo, el coraje de creer. Porque incluso si no se obtiene lo pedido, se gana algo más valioso: la certeza de que no se está solo.

Los grandes movimientos espirituales del mundo nacieron de esa fuerza: muchas personas creyendo juntas. No por obligación, sino por conexión. Por el deseo profundo de tocar el cielo… con la fuerza del corazón.

A veces el milagro no cambia la situación, pero sí cambia a las personas. Y eso lo cambia todo. Porque una comunidad que ha orado unida… ya no vuelve a ser la misma. Algo sagrado ha quedado en su historia.

Los que creen juntos, sanan más rápido. Sufren distinto. Acompañan mejor. Y celebran con más gratitud cuando la luz regresa. Porque saben que no fue solo su fe… fue la fe de todos.

Una fe colectiva no impone. Invita. No obliga. Inspira. No juzga al que duda… lo abraza. Y en ese abrazo, muchas veces… comienza el milagro.

Porque donde dos o más se reúnen desde el amor…
lo divino se manifiesta.
Y allí,
en ese lugar sencillo y luminoso,
lo imposible se arrodilla
ante la fuerza de muchas almas unidas.

La ciencia aún no puede explicar muchos de estos fenómenos. Pero los testimonios se multiplican. Personas que despertaron cuando ya no había esperanza. Noticias que cambiaron de rumbo sin explicación. Y detrás de todo, siempre… muchas almas orando.

La fe colectiva también puede sanar comunidades enteras. Cuando una tragedia golpea, cuando una pérdida duele a muchos, se genera una cadena de amor que consuela, reconstruye y da sentido.

En esos momentos, uno entiende que el milagro no es solo el resultado… es también el proceso. Es la unión, el consuelo mutuo, el coraje de creer. Porque incluso si no se obtiene lo pedido, se gana algo más valioso: la certeza de que no se está solo.

Los grandes movimientos espirituales del mundo nacieron de esa fuerza: muchas personas creyendo juntas. No por obligación, sino por conexión. Por el deseo profundo de tocar el cielo… con la fuerza del corazón.

A veces el milagro no cambia la situación, pero sí cambia a las personas. Y eso lo cambia todo. Porque una comunidad que ha orado unida… ya no vuelve a ser la misma. Algo sagrado ha quedado en su historia.

Los que creen juntos, sanan más rápido. Sufren distinto. Acompañan mejor. Y celebran con más gratitud cuando la luz regresa. Porque saben que no fue solo su fe… fue la fe de todos.

Una fe colectiva no impone. Invita. No obliga. Inspira. No juzga al que duda… lo abraza. Y en ese abrazo, muchas veces… comienza el milagro.

Porque donde dos o más se reúnen desde el amor…
lo divino se manifiesta.
Y allí,
en ese lugar sencillo y luminoso,
lo imposible se arrodilla
ante la fuerza de muchas almas unidas.

La pequeña Gabriela tenía siete años cuando su diagnóstico sacudió a todo el pueblo: un tumor inoperable en el cerebro. Su madre, Marta, no tenía muchos recursos, pero sí una fe que desbordaba su mirada. Desde el primer día, pidió ayuda no solo médica… sino espiritual.

Los doctores fueron claros. *"Lo que podemos hacer es limitado, pero vamos a intentarlo."* Pero mientras la medicina hacía lo suyo, Marta hizo otra cosa: movilizó el alma del barrio. Empezó con una oración en su casa cada noche. Luego se unió la vecina. Luego, cinco personas. En una semana, ya eran treinta.

Cada noche, sin falta, se reunían en la pequeña sala de la casa. Cantaban, lloraban, encendían velas, y sobre todo… pedían. No con exigencia, sino con amor. Cada persona ponía el nombre de Gabriela en sus labios como si fuera su propia hija.

La noticia se esparció. Desde iglesias, escuelas y centros comunitarios, la gente comenzó a enviar mensajes, rosarios, cartas, dibujos. Unos ayunaban. Otros caminaban largas distancias orando. Había una energía nueva en el aire, como si todo el pueblo respirara con un solo corazón.

Gabriela no entendía todo, pero sentía la fuerza. A veces, en medio del dolor, sonreía y decía: *"Mamá, siento que muchas personas me abrazan por dentro."* Y Marta sabía… que esa era la fe obrando.

Una mañana, el médico encargado entró en la habitación con el rostro transformado. Tenía en la mano los nuevos resultados. Balbuceó un momento, luego dijo: *"No tiene sentido médico, pero el tumor ha comenzado a reducirse… de manera espontánea."*

La noticia se regó como fuego bendito. Nadie gritó de euforia. Solo hubo silencio… y luego llanto. Porque todos sabían que algo más grande había intervenido. El milagro no fue solo la reducción del tumor, sino la certeza compartida de que habían tocado el cielo con su fe.

Con el tiempo, Gabriela se recuperó completamente. El caso fue estudiado por especialistas. Nadie pudo explicarlo del todo. Pero el pueblo no necesitaba una explicación. Ellos sabían lo que había pasado. Lo habían sentido. Lo habían invocado.

Gabriela creció rodeada de amor. Su historia quedó grabada en todos. Cada aniversario de su sanación, la comunidad se reúne en una plaza. No por ritual... sino por gratitud. Por recordar que cuando muchos creen... el cielo escucha más fuerte.

Marta siempre dice que lo más hermoso no fue el milagro médico, sino el milagro humano. *"Descubrimos que no estamos solos. Que cuando nos unimos, el amor se hace carne. Y donde hay amor verdadero... los milagros florecen."*

Un periodista una vez quiso escribir sobre el caso y le preguntó a Marta:
—**¿Qué le diría a quienes no creen en los milagros?**
Ella respondió con ternura:
—Que no es necesario creer... para ser alcanzado por uno. Solo basta que alguien más crea por ti.

Hoy, la historia de Gabriela sigue siendo contada. No para enaltecer a nadie, sino para recordar lo esencial:
**Que una fe unida, sincera y amorosa...**
**puede mover no solo montañas,**
**sino también el corazón de Dios.**

## Cuando muchos creen... el cielo escucha más fuerte

Hay plegarias que no suben solas,
sino acompañadas de otras voces,
de otros silencios,
de otras lágrimas.
Y juntas…
no solo tocan el cielo,
lo estremecen.

Porque cuando muchos creen,
el amor se organiza,
la luz se amplifica,
y lo invisible encuentra un puente
hecho de esperanza
y manos entrelazadas.

No importa si algunos dudan,
si otros no saben orar,
si hay quienes solo están por consolar.
Todo suma.
Todo vibra.
Todo es parte del milagro.
Porque lo que se hace desde el amor,
nunca es en vano.

Y cuando llega la sanación,
cuando lo imposible se transforma,
no hay dueño del milagro…
hay testigos.
Almas que saben
que fueron alcanzadas
por algo más alto que ellas mismas.

Una fe que nace de uno
es fuerte.
Pero una fe que nace de muchos…
es un canto que el cielo no puede ignorar.

Por eso, nunca subestimes el poder
de un *"estoy orando por ti"*.
Porque a veces,
ese pequeño acto
es el eco exacto
que despierta el milagro.

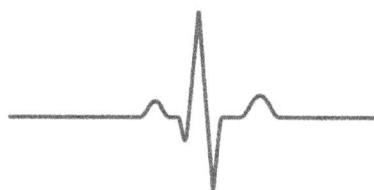

# Talentos olvidados

*A veces, los mayores dones están dormidos en el rincón del alma.*
*No se pierden, solo esperan ser llamados por el valor y la necesidad.*
*Recordar un talento es recordar quién eres.*

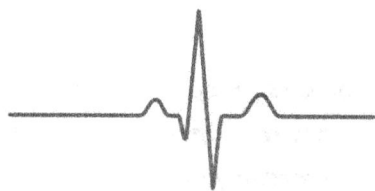

# Talentos olvidados

Cada ser humano nace con uno o varios talentos. Algunos los descubren temprano, otros los ignoran por años. Muchos los abandonan por miedo, por falta de apoyo, por vivir tratando de cumplir expectativas ajenas. Pero los talentos nunca mueren. Solo duermen... esperando ser recordados.

Hay quienes nacen con manos que curan, con voces que consuelan, con mentes que resuelven, con almas que inspiran. Pero el mundo muchas veces enseña que no vale soñar, que hay que sobrevivir, que lo útil es lo que genera dinero. Y así, el talento se guarda en un rincón del alma.

A veces, los talentos no se parecen a lo que esperábamos. No son espectaculares. No son artísticos. Pero son sagrados. Escuchar bien, cuidar con paciencia, organizar con amor, dar sin ruido... también son dones. Y pueden cambiar vidas.

Los talentos olvidados suelen manifestarse en la infancia. En aquello que nos hacía vibrar. Lo que nos hacía perder la noción del tiempo. Lo que hacíamos sin que nadie nos obligara. Lo que nos salía del alma, sin esfuerzo... Pero crecer a veces significa dejar atrás eso que más nos representaba. Nos convencen de que no es importante. O nos lastiman cuando lo mostramos. Y así, los dones se ocultan detrás de roles, responsabilidades y miedos.

Recuperar un talento olvidado es como reencontrarse con una parte perdida de uno mismo. Es mirar hacia dentro y decir: *"Tú aún estás aquí. Perdón por haberte dejado."* Y al reencontrarse... algo florece.

El talento es una semilla que no muere con el tiempo. Puede estar bajo tierra por años, pero al primer rayo de atención, comienza a brotar. No necesita reconocimiento. Solo necesita ser honrado.

Hay adultos que redescubren sus talentos en medio de una crisis. En una pérdida. En un silencio obligado. Porque el alma, cuando se cae todo lo demás, comienza a hablar más fuerte. Y entonces, uno recuerda lo que siempre fue suyo.

El talento no es solo lo que se hace bien. Es lo que enciende el espíritu. Lo que al hacerlo, te conecta con algo mayor. Lo que te da paz. Lo que no se siente como carga, sino como parte natural de tu existencia.

Vivimos en una sociedad que aplaude lo visible, pero los talentos más transformadores son silenciosos. Un gesto de amabilidad, una palabra a tiempo, una mirada que entiende. Todos tenemos algo que ofrecer al mundo.

Reconectar con el talento es también un acto de sanación. Es reconocerse capaz. Es romper con el miedo al fracaso. Es aceptar que ser útil no es lo mismo que ser valioso. Que incluso si nadie lo valida, el talento sigue teniendo propósito.

Muchas veces, al recuperar un talento olvidado, no solo se sana uno… también se inspira a otros. Porque la autenticidad brilla. Y ver a alguien expresando su don… despierta el deseo de hacer lo mismo.

Los talentos no deben ser comparados. Cada uno tiene una función. Algunos son semilla. Otros, puente. Algunos son medicina. Otros, refugio. Y todos, en manos conscientes, se convierten en servicio.

No se trata de brillar más. Se trata de brillar en lo propio. De dejar que lo que hay en ti tenga lugar, tiempo y espacio para manifestarse. De no traicionarte por encajar.

Los talentos olvidados a veces aparecen en sueños, en recuerdos, en momentos simples. Una canción que te sacude. Una actividad que despierta tu atención. Un comentario que te recuerda que antes hacías algo con pasión.

Escúchalos. Síguelos. Aunque no sepas a dónde llevarán. Porque cuando un don despierta… te guía. Te ordena la vida desde dentro. Y entonces, las decisiones se vuelven más ligeras. Más tuyas.

Recuperar un talento es recuperar poder. Poder sobre tu historia. Poder sobre tu voz. Poder sobre tu creatividad. Y ese poder, bien dirigido, es libertad.

Algunos talentos se desarrollan con práctica. Otros solo necesitan permiso para fluir. Pero todos se fortalecen con amor. Con paciencia. Con la certeza de que no viniste a este mundo vacío.

Estás aquí con algo que solo tú puedes dar. Algo que no puede ser imitado. Porque tu talento no es solo lo que haces… es cómo lo haces. Es tu sello. Es tu alma expresándose en acción.

Y cuando vuelves a él,
cuando lo abrazas sin miedo,
sin juicio,
sin necesidad de aplaudo,
el alma suspira…
y la vida vuelve a tener sentido.

Víctor tenía 52 años y trabajaba desde los 18 como chofer de camión. Su vida era predecible: levantarse al amanecer, conducir durante horas, comer en estaciones de paso, volver tarde, dormir poco. Día tras día, año tras año. Tenía una familia que amaba, pero dentro de él… algo se había apagado.

Una tarde, mientras esperaba que cargaran el camión, encontró una libreta vieja entre unas cajas en el almacén. Estaba vacía. Por impulso, arrancó una hoja y comenzó a escribir. No supo por qué lo hizo. Solo fluyó. Palabras, frases, imágenes. Como si algo que dormía dentro de él despertara de golpe.

Esa noche no pudo dormir. Se sentía inquieto, pero vivo. A la mañana siguiente, antes de salir, buscó una libreta nueva y la guardó en su mochila. En cada parada, escribía algo. Un recuerdo. Una historia inventada. Un pensamiento. Así, poco a poco, volvió a un lugar que había olvidado: su amor por escribir.

De joven, antes de trabajar, escribía poemas. Ganó un concurso en la secundaria. Su maestra le decía que tenía talento. Pero cuando llegó la necesidad, eligió trabajar y dejar los versos para *"cuando hubiera tiempo"*. Ese tiempo nunca llegó… hasta ahora.

En silencio, sin contarle a nadie, comenzó a escribir cuentos. Uno sobre un chofer que hablaba con las estrellas. Otro sobre una niña que pintaba las paredes de su casa con palabras mágicas. Y mientras escribía, sentía que el corazón latía distinto.

Su esposa lo descubrió una noche. Lo encontró en la cocina, escribiendo en voz baja. Él se avergonzó, pensó que ella se burlaría. Pero ella solo le dijo:
—Siempre supe que había algo más en ti. Qué bueno que regresaste a buscarlo.

Víctor lloró. No por tristeza, sino por alivio. Porque por fin se permitía ser quien era antes de olvidarse de sí. Comenzó a compartir sus cuentos con su hija menor, que los amaba. Luego con sus compañeros del trabajo. Y para su sorpresa… gustaban.

Un día, uno de sus cuentos llegó a manos de una bibliotecaria del pueblo. Lo invitó a leerlo en una actividad escolar. Al principio se negó, pero finalmente aceptó. Cuando leyó, la sala guardó silencio. Nadie sabía que aquel hombre de voz ronca y manos ásperas guardaba tanta ternura en sus palabras.

Víctor lloró. No por tristeza, sino por alivio. Porque por fin se permitía ser quien era antes de olvidarse de sí. Comenzó a compartir sus cuentos con su hija menor, que los amaba. Luego con sus compañeros del trabajo. Y para su sorpresa... gustaban.

Un día, uno de sus cuentos llegó a manos de una bibliotecaria del pueblo. Lo invitó a leerlo en una actividad escolar. Al principio se negó, pero finalmente aceptó. Cuando leyó, la sala guardó silencio. Nadie sabía que aquel hombre de voz ronca y manos ásperas guardaba tanta ternura en sus palabras.

Después de eso, lo invitaron a otros espacios. Víctor seguía trabajando como chofer, pero su vida ya no era igual. Cada día llevaba historias en su mochila. Y cada historia era una semilla que plantaba en los demás... y en él mismo.

Publicó un pequeño libro artesanal. Lo llamó Cuentos desde la carretera. Lo vendía en ferias, en las estaciones, en el taller donde lavaba el camión. No buscaba fama. Solo quería compartir. Y en ese compartir, encontró plenitud.

Alguien le preguntó en una entrevista local:
—¿Por qué volvió a escribir después de tantos años?
Y Víctor respondió:
—Porque un talento olvidado es como un hijo abandonado. Te sigue esperando, aunque no le llames. Y cuando te atreves a mirarlo otra vez... te devuelve la vida.

Desde entonces, más personas comenzaron a recordar lo que habían olvidado. Una mujer volvió a pintar. Un joven retomó su guitarra. Una anciana bordó su primer tapiz en años. Todo, gracias a un hombre sencillo que se atrevió a abrir la libreta del alma.

## Para Reflexionar

### Lo que una vez amaste... te sigue esperando

Hay dones que se esconden
cuando la vida pesa,
cuando el deber grita,
cuando el miedo aprieta.

Pero ellos no se van,
solo se quedan en silencio,
como un libro olvidado en un
estante,
esperando tus manos,
tu mirada,
tu permiso.

Lo que una vez amaste
no muere.
Te sueña.
Te llama en los insomnios,
en los vacíos,
en los momentos donde todo parece
perder sentido.

Y si te atreves a regresar,
aunque con dudas,
aunque con temblor...
ellos vuelven a ti,
como hijos que jamás te culparon
por haberlos postergado.

Porque el talento es un acto de
amor con tu alma.
Y cuando lo vives,
no solo te haces bien a ti...
haces bien al mundo que te rodea,
sin siquiera proponértelo.

Recuerda esto:
Tu don no quiere perfección.
Solo quiere presencia.
Y si decides volver a él...
él sabrá qué hacer contigo.

# Un hombre talentoso

*Un verdadero talento no se mide en aplausos,*
*sino en el impacto que deja cuando se pone al servicio del amor.*
*Un hombre talentoso transforma, aunque nadie lo vea.*

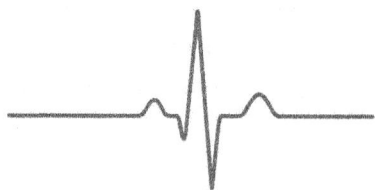

# Un hombre talentoso

Hay hombres que hablan poco, pero hacen mucho. Que no se pavonean con sus logros, pero dejan huella en silencio. Que no necesitan reconocimiento porque ya encontraron algo más profundo: propósito. Ellos son los verdaderos hombres talentosos.

Un hombre talentoso no es solo quien brilla, sino quien transforma. No busca que todos lo miren, sino que el mundo cambie un poco con lo que entrega. A veces enseña, a veces construye, a veces cura… pero siempre deja luz.

En una sociedad que aplaude el éxito visible, los hombres talentosos muchas veces pasan desapercibidos. Porque su fuerza está en lo auténtico. En no venderse, en no fingir, en no traicionar lo que son para agradar a los demás.

Un hombre talentoso puede estar detrás de una cámara, de un cuaderno, de una cocina o de una pala. Puede ser un poeta o un agricultor. Un líder espiritual o un padre presente. Porque el talento no depende del escenario, sino de la intención con que se ofrece.

Su verdadera riqueza no está en sus manos, sino en su corazón. En la forma en que toca las vidas. En la manera en que sus palabras quedan flotando cuando ya se ha ido. En la paz que deja con su presencia.

No compite, porque no necesita compararse. Ha comprendido que cada don tiene su espacio. Que la grandeza no está en aplastar, sino en levantar. Y que la humildad no es debilidad, sino sabiduría que aprendió a escuchar.

Un hombre talentoso no solo desarrolla habilidades. También desarrolla alma. Sabe que su talento no es suyo, sino prestado por la vida para cumplir un servicio. Por eso no se apega. Lo da. Lo comparte. Lo deja ir cuando ya no es necesario.

Sabe que no todo lo que sabe hacer tiene que monetizarse. Algunos de sus mayores dones los guarda para momentos íntimos: un consejo a su hijo, una oración por un amigo, un gesto hacia un extraño.

Hay hombres que nacen con talento. Otros lo descubren con los años. Pero todos, en algún momento, deben tomar una decisión: **¿lo usaré para alimentar mi ego, o para bendecir a otros?** Y en esa elección... se define su grandeza.

Un verdadero talento es el que eleva a quien lo ve, a quien lo recibe, a quien lo imita. Y un hombre que lo cultiva con amor... deja un legado que trasciende su vida.

Un hombre talentoso también se equivoca. Pero en lugar de ocultar sus errores, los convierte en enseñanza. En lugar de endurecerse, se abre. Y en esa apertura, sigue creciendo.

Es consciente de que lo que hace bien no lo hace mejor que nadie. Solo lo hace más responsable. Porque sabe que el talento no es poder... es compromiso con la verdad que lleva dentro.

Muchos hombres así fueron invisibles en su tiempo. No salieron en portadas. No dieron discursos. Pero sus hijos hablan de ellos con los ojos brillantes. Y eso... es inmortalidad.

La sociedad necesita hombres así. Hombres que no solo sepan, sino que sientan. Que no solo hagan, sino que inspiren. Que no teman mostrar su sensibilidad como parte de su fortaleza.

Un hombre talentoso reconoce el talento en otros. No lo teme, no lo envidia. Lo celebra. Porque sabe que cuando otro brilla... la oscuridad retrocede para todos... No busca impresionar, sino conectar. No dice *"mírenme"*, *sino* *"acérquense"*. Porque su talento no es una barrera, sino un puente.

Cuando uno encuentra a un hombre así, se siente afortunado. Porque en él, uno ve lo que es posible. Lo que es justo. Lo que es hermoso en su forma más real.

Los hombres talentosos están en todas partes. En el aula, en el taller, en el campo, en un escritorio, en la cocina de una casa humilde. Y donde están... algo florece.

Son recordados no por lo que hicieron, sino por cómo lo hicieron. Y cuando se van, dejan algo sembrado. Algo que sigue dando fruto, aun cuando ya no están.

Porque un hombre que usa su talento con humildad…
deja huellas que ni el tiempo,
ni el olvido,
pueden borrar.

…Un hombre talentoso no solo desarrolla habilidades. También desarrolla alma. Sabe que su talento no es suyo solamente, sino una semilla que le fue entregada para multiplicarla en bien de los demás.

Reconoce que lo que hace bien puede tocar lo que otros ni siquiera han comenzado a sanar. Que sus acciones tienen eco. Que sus palabras, si son sinceras, pueden convertirse en antídoto para la desesperanza de otros.

Es consciente de que el talento no sirve si no se acompaña de carácter. Que el don sin humildad se convierte en soberbia. Y que el conocimiento sin compasión, termina aislando. Por eso se pule a sí mismo tanto como pule su arte.

Los hombres talentosos de verdad no humillan con lo que saben. Enseñan. Invitan. Comparten. Porque su meta no es sobresalir, sino dejar un legado. Uno que no necesita estatuas, sino recuerdos vivos en quienes fueron tocados por su obra… Muchos de ellos crecieron en silencio. Con padres ausentes, con carencias, con heridas. Pero aun así, eligieron florecer. No para demostrarle al mundo lo que podían hacer… sino para honrar el milagro de haber sobrevivido sin perder la ternura.

Son hombres que saben escuchar. Que no temen pedir perdón. Que están dispuestos a aprender, incluso de los más jóvenes. Porque saben que el talento real no se detiene… evoluciona.

Tienen días malos. Se frustran. Se caen. Pero no abandonan. Porque saben que su camino no es solo suyo. Que su luz, aunque parpadee a veces, es faro para alguien que aún navega a oscuras.

Un hombre talentoso inspira sin querer. No busca ser ídolo. Solo vive con coherencia. Y en esa coherencia, otros encuentran un modelo silencioso, pero firme. Uno que no grita... pero guía.

Son hombres que cocinan para los suyos. Que reparan cosas sin esperar agradecimientos. Que lloran a escondidas, pero ríen con los que aman. Que trabajan con pasión, aunque no haya cámaras, premios ni aplausos.

Y cuando se les pregunta cómo llegaron tan lejos, suelen responder:
—Solo hice lo que me nació del corazón.
Y esa es la verdadera grandeza.


Un hombre talentoso honra sus raíces, pero no se queda atado a ellas. Crece sin olvidar. Agradece sin depender. Y construye sin resentimientos. Porque sabe que todo lo que ha vivido... fue parte de su formación invisible.

Le duele el mundo, pero no se endurece. Le cuesta el camino, pero no se detiene. Ha hecho las paces con su historia, y desde ahí, crea cosas nuevas que llevan su firma invisible.

Muchos no tienen títulos. Otros sí. Pero lo que los une es algo más profundo: la integridad. Hacen lo que dicen. Y si fallan, lo reconocen. Porque para ellos, el talento no vale sin humanidad.

Algunos son artistas. Otros son líderes comunitarios. Algunos escriben libros. Otros levantan paredes. Algunos siembran tierra. Otros siembran conciencia. Pero todos... transforman.

Porque un hombre talentoso no es el que tiene más habilidades.
Es el que, con lo que tiene, sirve.
Ama.
Y deja algo mejor de lo que encontró.

Don Eusebio era conocido por todos en el pueblo, pero no por ser el más rico, ni el más instruido. Lo conocían por su voz pausada, sus manos de tierra, y su forma de mirar como si escuchara con el alma. Había sido agricultor toda su vida, pero su verdadero talento era otro: enseñar sin parecer maestro.

Cada mañana, sin importar el clima, se le veía caminar con una libreta vieja, una gorra marrón deshilachada y una sonrisa que parecía no agotarse. En su finca, enseñaba a los jóvenes del barrio a sembrar. Pero no solo les mostraba cómo cavar o plantar, sino cómo observar la tierra, cómo hablarle con respeto, cómo entender los ciclos del cielo.

—Todo lo que ves aquí —les decía— crece porque primero fue cuidado con amor. La tierra no te da nada si solo le exiges.

No tenía redes sociales ni publicaciones. Sin embargo, su sabiduría corría de boca en boca. Las abuelas lo citaban en conversaciones, los niños lo buscaban para escuchar cuentos, y los adultos, cuando estaban en crisis, terminaban sentados frente a él, tomando café bajo su árbol de mango.

Una vez, un joven universitario que regresaba al pueblo le dijo:
—Don Eusebio, usted debería tener un canal en internet. Enseña mejor que muchos profesores.
Él solo rió y contestó:
—Yo enseño con lo que tengo… y a quien se acerque. Eso es más que suficiente.

Sus verdaderos frutos no eran las hortalizas, sino las personas. Varios jóvenes que estuvieron al borde del delito encontraron sentido entre sus siembras. Algunos padres, sin saber cómo hablar con sus hijos, terminaban comprendiendo más sobre crianza solo por observar su forma de tratar a los más pequeños.

Don Eusebio no se decía **"hombre talentoso"**. Pero su capacidad para sanar sin medicina, orientar sin imponer, y sembrar sin buscar méritos… lo hacía brillar con una luz que nadie podía ignorar.

Cuando murió, el pueblo entero se reunió en la plaza. Nadie lloraba en silencio. Todos contaban anécdotas, enseñanzas, frases suyas. Un niño de ocho años dijo frente a todos:

—Él me enseñó a no pisar los gusanos porque también trabajan para que las cosas crezcan.

En su tumba, grabaron una frase que él decía a menudo:
**"Quien deja algo sembrado en otro… nunca muere del todo."**

Años después, su finca fue convertida en un centro comunitario donde los jóvenes seguían aprendiendo. Pero el alma del lugar no era la estructura, ni el nombre. Era el recuerdo de un hombre que, con su talento sencillo, cultivó generaciones.

*Don Eusebio nunca buscó dejar legado. Solo fue fiel a lo que tenía dentro. Y en eso… reside la esencia de todo hombre verdaderamente talentoso.*

## Para Reflexionar

### Talento es alma en acción

No hace falta escenario,
ni micrófono,
ni premios en la repisa.
Hace falta corazón…
y una voluntad firme
de dar lo mejor
aunque nadie lo aplauda.

Un hombre talentoso no brilla por lo que muestra,
sino por lo que transforma.
No impone… inspira.
No se mide por lo que sabe,
sino por lo que deja sembrado.

Habla con hechos,
guía con ejemplo,
y ama en cada detalle.
A veces repara cosas rotas,
otras veces…
repara almas sin que lo noten.

Cuando parte,
no deja fama,
deja fruto.
Y en ese fruto…
vive su nombre
aunque nadie lo grite.

Porque un talento verdadero
no necesita ser reconocido…
solo necesita ser vivido.

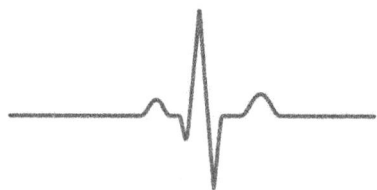

# La única salida

*A veces la vida nos encierra para que aprendamos a mirar hacia adentro.*
*Y cuando ya no quedan caminos afuera, el alma señala el verdadero.*
*La única salida… suele ser atravesar.*

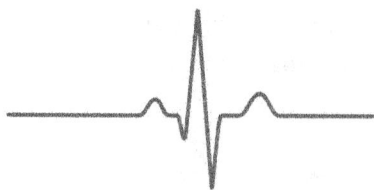

# La única salida

Hay momentos en la vida donde todo se derrumba. El plan no funcionó. La relación se rompió. El cuerpo enfermó. El corazón no aguanta. Y el alma… guarda silencio. En esos días, uno se pregunta: **¿Dónde está la salida?**

Buscamos hacia afuera. En personas, en distracciones, en consejos. Algunos intentan huir, otros se aíslan. Pero pronto descubren que nada calma. Porque el verdadero laberinto no está en el mundo… está en uno mismo.

La única salida, entonces, es detenerse. Respirar. Dejar de correr. Y aceptar lo que más tememos: que tal vez, lo que más necesitamos no es huir… sino entrar. Mirar dentro. Descender al centro de la herida.

No es fácil. Requiere valor. Mirar el propio dolor, el vacío, las contradicciones. Escuchar las voces internas que hemos callado por años. Nombrar lo que nunca nos atrevimos a decir. Reconocer la oscuridad sin disfrazarla.

Pero en esa travesía hacia adentro, algo comienza a cambiar. El alma, que parecía dormida, empieza a responder. No con soluciones mágicas, sino con pequeñas luces. Con intuiciones. Con recuerdos. Con verdades que no necesitan palabras.

La única salida es rendirse. No en el sentido de perder, sino en el de soltar el control. Dejar de forzar. Aceptar que no todo tiene que ser entendido… para ser sanado. Que el alma no necesita lógica, necesita presencia.

Muchos descubren su fuerza justo cuando creen que ya no tienen ninguna. Porque tocar fondo no es el final… es el punto exacto donde uno puede empujar el alma hacia arriba, con una claridad que solo la noche puede ofrecer.

La única salida es confiar en que dentro de uno hay algo más sabio. Algo que sabe por dónde ir. Que ha estado en silencio, esperando el momento en que por fin lo escuchemos. Es esa parte que no se rinde. Que ha llorado en secreto, pero sigue creyendo…

A veces creemos que necesitamos que todo cambie afuera. Pero lo que más necesitamos es cambiar la forma en que estamos adentro. Sanar la percepción. Reconectar con lo esencial. Recuperar el sentido.

La única salida es reconocer que no estamos rotos… estamos en proceso. Que cada herida es una puerta. Que cada caída puede ser un llamado. Y que el dolor, aunque no lo parezca, puede ser un maestro.

Algunos descubren su vocación después del duelo. Otros, su fe en medio de la pérdida. Otros, su talento justo cuando pensaban rendirse. Porque el alma, cuando se siente escuchada, empieza a revelar lo que callaba.

Salir no es escapar. Es transformarse. No es cambiar de lugar, es cambiar de visión. Es decir: *"Ya no me abandono. Ya no huyo de mí."* Y entonces, lo que parecía cárcel… se vuelve cuna de renacimiento.

No es un proceso rápido. Hay días de avance, otros de retroceso. Pero cada paso hacia adentro deja huella. Y cada huella, cuando se mira con amor, revela una parte de ti que no sabías que existía.

La única salida es el silencio. No el que aísla, sino el que escucha. El que permite que la verdad emerja sin ruido. El que te conecta con Dios, con tu espíritu, con la sabiduría que no aprendiste… pero siempre tuviste.

Es allí donde descubres que no estás solo. Que otros también han pasado por túneles oscuros. Que no eres débil por sentirte perdido. Que pedir ayuda también es un acto de amor propio.

La salida es aceptar tu historia sin vergüenza. Mirar atrás sin quedarte atrapado. Mirar adelante sin ansiedad. Y mirar el presente como el único lugar real donde puede ocurrir la sanación.

A veces, lo único que necesitabas era parar. Respirar. Preguntar: **"¿Qué me estoy queriendo decir?"** Y escuchar. Porque dentro de ti… ya hay respuestas. Solo necesitan espacio.

La única salida es aprender a abrazarte. A dejar de exigirte. A reconocer tu humanidad como algo sagrado. A entender que sanar no es volverse perfecto, sino volverse verdadero.

Y cuando por fin llegas a ese lugar interno donde todo duele pero también todo tiene sentido… descubres que la salida no era un camino…
era un regreso.

Andrés tenía cuarenta y cinco años cuando todo comenzó a derrumbarse. Su negocio quebró sin previo aviso, su matrimonio terminó en medio de reproches, y su salud se resintió por años de estrés acumulado. En poco tiempo, pasó de ser un hombre reconocido a alguien que evitaba mirarse al espejo.

Al principio intentó distraerse: viajes, redes sociales, noches sin dormir. Pero nada le devolvía el sentido. Se sentía como si caminara dentro de una casa quemada… sabiendo que él mismo había encendido algunas de las llamas.

Llegó un día en que no pudo levantarse de la cama. No por enfermedad, sino por agotamiento del alma. Lloró en silencio. No sabía a quién pedirle ayuda. Su orgullo no lo dejaba hablar, y su soledad se volvió su única compañía.

Ese mismo día, alguien llamó a su puerta. Era su vecina, una mujer mayor que apenas conocía. Le dijo:
—Soñé con usted anoche. Dios me pidió que le trajera sopa y que le dijera que aún no es tarde.
Andrés no supo qué responder. Solo aceptó el plato… y el mensaje.

Esa noche, por primera vez en meses, oró. No sabía cómo empezar, así que solo dijo:
—Si hay alguien ahí… no quiero morirme así. Enséñame a vivir otra vez.
Y el silencio que le siguió no le dio miedo. Le dio paz.

Comenzó a escribir sus pensamientos en un cuaderno. Al principio eran frases sueltas, fragmentadas. Luego, historias. Después, oraciones. Y sin saberlo, estaba construyendo el puente hacia sí mismo.

Pasó días enteros caminando solo. Visitaba lugares donde solía ir de niño. Recordaba lo que lo hacía feliz antes de convertirse en adulto. En uno de esos paseos, recogió una piedra del río y la guardó como símbolo de lo que resistía el agua… sin perder su forma.

Poco a poco, Andrés empezó a hablar con otras personas. Se unió a un grupo de hombres en recuperación emocional. Escuchó historias similares. Y por primera vez… no se sintió solo en su dolor.

Decidió buscar terapia. Le costó admitir que necesitaba ayuda, pero fue allí donde entendió que su valor no estaba en lo que había logrado... sino en todo lo que estaba dispuesto a sanar.

Con el tiempo, volvió a trabajar. No como empresario, sino como mentor de jóvenes emprendedores. Compartía sus fracasos con honestidad. Y en cada conversación, sembraba una semilla de esperanza.

Un día, su hija le preguntó:
—Papá, **¿qué hiciste cuando todo te salió mal?**
Y él, sin dudar, respondió:
—Entré en mí. Toqué fondo. Pero allí encontré a Dios... y a mí mismo.

Hoy, Andrés camina con humildad. No necesita demostrar nada. Su rostro está más sereno. Sus manos, más abiertas. Y cada vez que alguien le dice: *"No veo salida",* él responde:
—Tal vez no está afuera. Tal vez te toca entrar... y volver a empezar desde dentro.

Porque entendió que lo que parecía el final...
era en realidad el inicio de su regreso más verdadero.

## Para Reflexionar

### Cuando todo se cierra... entra en ti

Cuando la puerta no se abre,
cuando el camino se pierde,
cuando el ruido ya no distrae,
y el corazón se sienta en el suelo...
no corras.
Entra.
Entra en ti.

Allí donde guardaste preguntas,
donde escondiste la herida,
donde aún tiembla la voz que
callaste.
Allí está el inicio.
No del escape...
sino del reencuentro.

La única salida no tiene ventanas,
ni señales visibles,
ni mapas trazados.
Solo tiene un susurro,
una brasa encendida,
una fe que aún respira.

No se trata de salir del dolor...
se trata de atravesarlo.
Y al otro lado,
no serás el mismo.
Serás más tú.
Serás más luz.
Serás más paz.

Porque a veces,
cuando todo se apaga,
es solo el alma diciendo:
"Ahora sí... escúchame."

# Señales celestiales

*Hay mensajes que no llegan por palabras, sino por sincronicidades, silencios y temblores del alma.*
*El cielo habla, pero solo escucha quien se detiene.*
*Las señales están… solo hay que aprender a verlas.*

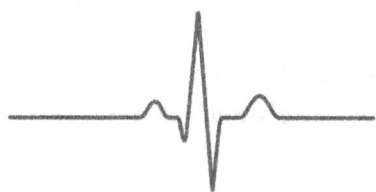

# Señales celestiales

Hay cosas que no pueden explicarse con palabras,
pero que el corazón entiende de inmediato.
Una canción que suena justo cuando la necesitas.
Un número que se repite.
Un sueño que se siente más real que la vigilia.
Un aroma que evoca a quien ya no está.
Son señales…
mensajes que el cielo envía en susurros.

Las señales celestiales no llegan con estruendo.
No se anuncian con trompetas.
Llegan cuando el alma está en silencio.
Cuando el corazón se ha rendido
y el espíritu ha bajado la guardia.

Muchos las llaman coincidencias.
Otros, intuiciones.
Pero quienes han sido tocados por ellas,
saben que no son casualidad:
son caricias del cielo
en momentos donde más se necesitan.

Las señales vienen en muchas formas.
En la sonrisa de un desconocido.
En una frase escrita en una pared.
En el viento que cambia de dirección
justo cuando ibas a rendirte.

A veces, una mariposa que se posa en tu hombro
te dice más que un sermón completo.
O una pluma en el suelo
te recuerda que no estás solo.

Las señales celestiales también aparecen en sueños.
Sueños donde alguien que partió
te dice que está bien.
Sueños donde recibes respuestas
que tu mente aún no sabía formular.

No siempre se entienden al instante.
Algunas toman tiempo para revelarse.
Pero el alma las archiva.
Y un día, cuando todo cobra sentido,
te das cuenta de que aquella señal…
ya te estaba preparando.

Hay quienes niegan estas cosas.
Dicen que son supersticiones.
Pero el alma no necesita pruebas,
solo necesita paz.
Y cuando una señal llega,
algo dentro de ti se aquieta.

Las señales también son recordatorios:
**"Estás en el camino correcto."**
**"No estás solo."**
**"Es hora de soltar."**
**"Confía."**
Y aunque nadie más las vea,
sabes que eran para ti.

Hay momentos donde uno clama por ayuda,
y no llega la solución,
pero sí una señal.
Una frase en un libro.
Un llamado inesperado.
Un silencio que te sostiene.

El cielo habla todo el tiempo.
Pero solo se oye cuando el ruido baja.
Cuando el alma decide escuchar
con los ojos cerrados
y el corazón abierto.

No todas las señales son para actuar.
Algunas son solo para acompañar.
Para que sepas que hay una presencia amorosa
guiándote desde otro plano.

A veces, un ser querido fallecido
deja señales para calmar tu llanto.
Un olor familiar.
Una canción que compartían.
Un objeto que aparece de la nada.
Y en eso… se hace presente.

No estás loco por creer.
Estás despierto.
Porque el alma, cuando está atenta,
lee el lenguaje del cielo
como quien sabe que el amor verdadero
nunca se va… solo cambia de forma.

Y así, sin necesidad de altar,
ni de dogmas,
ni de pruebas…
descubres que los milagros pequeños
son los más grandes.
Y que el cielo,
siempre,
nos está hablando.

Mariela perdió a su madre una tarde de abril. El cáncer había sido implacable, y aunque ella acompañó cada proceso con entereza, el vacío al final fue devastador. Sentía que algo se había roto por dentro, que ya nada podría darle consuelo.

Los primeros días fueron silenciosos. Mariela apenas hablaba. Dormía con la ropa de su madre abrazada al pecho. Miraba el cielo, pero no esperaba respuestas. Hasta que una mañana, mientras preparaba café, sintió un aroma distinto, como flores frescas... las mismas que su madre amaba. No había flores en la casa.

Pensó que era su imaginación. Pero al abrir la ventana, una mariposa blanca entró y voló alrededor de su rostro. Era abril. No era tiempo de mariposas. Mariela la observó con asombro y, por primera vez en días, sonrió.

Esa noche soñó con su madre. No le dijo nada. Solo estaba sentada al borde de su cama, acariciándole el cabello como cuando era niña. Mariela se despertó llorando, pero no de tristeza... de alivio. Supo, sin dudas, que su madre aún estaba cerca.

Días después, mientras buscaba un cuaderno en el armario, encontró una carta que su madre le había escrito años atrás y que ella nunca había leído. En ella decía:
—Cuando ya no esté, quiero que recuerdes que el amor no termina. Solo cambia de forma. Búscame en lo simple. Allí estaré.

Mariela sintió que el alma se le abría. Comenzó a prestar atención a los detalles. Un colibrí que se detenía siempre frente a su ventana. Una canción que hablaba exactamente de lo que estaba sintiendo. Una nube en forma de corazón en el cielo de la tarde.

Comenzó a escribir todo. Cada señal, cada emoción. Lo convirtió en un diario. Al principio lo hacía para ella. Pero pronto se dio cuenta de que su dolor se transformaba en consuelo cuando lo compartía.

Abrió una pequeña cuenta en redes sociales donde contaba su proceso. A los pocos días, comenzaron a llegar mensajes de otras personas que también sentían señales celestiales después de perder a un ser querido.

Un hombre le escribió:
—Creí que estaba perdiendo la razón. Pero gracias a ti, entendí que solo estaba empezando a ver con los ojos del alma.

Mariela encontró su misión sin buscarla. Lo que empezó como duelo, se convirtió en servicio. Lo que nació del dolor, floreció en fe. Y las señales... no dejaron de llegar.

Un día, mientras daba una charla, una niña se le acercó y le dijo:
—Tu voz me hizo sentir como si mi abuela me hablara desde el cielo.
Mariela se quebró por dentro. Y comprendió que todo lo vivido había valido la pena si una sola alma encontraba consuelo a través de ella.

Nunca dejó de extrañar a su madre. Pero aprendió a convivir con su ausencia desde la certeza de una presencia sutil.
—Ella está —decía—. No con su cuerpo, pero sí con su luz.

Y en cada señal, en cada detalle inesperado, recordaba las palabras de aquella carta:
"Búscame en lo simple."

Porque el cielo siempre habla...
y quienes aman de verdad
aprenden a escucharlo
desde la profundidad del alma.

## Para Reflexionar

### Cuando el cielo susurra... el alma escucha

A veces no vemos nada,
pero lo sentimos todo.
Un aire distinto,
una palabra que llega justo a tiempo,
una presencia que no se ve
pero abraza.

El cielo no grita,
susurra.
Y solo quien ha callado por dentro
puede oír su lenguaje sin sonido.

Una señal no necesita explicación,
porque no habla a la mente,
habla al alma.
Y el alma,
cuando está lista,
entiende con el corazón.

Busca en lo pequeño.
En lo que parece casual,
pero se repite.
En lo que vibra suave,
pero deja huella.

Porque cuando el amor es real,
ni la muerte lo borra.
Y desde allá...
desde lo eterno,
desde lo alto,
te siguen hablando los que aún te
aman.

Solo escucha.
Y cuando lo sientas,
no lo dudes.
Dios también habla en detalles.
Y los que se fueron...
a veces regresan en pétalos, en alas,
en silencios que sanan.

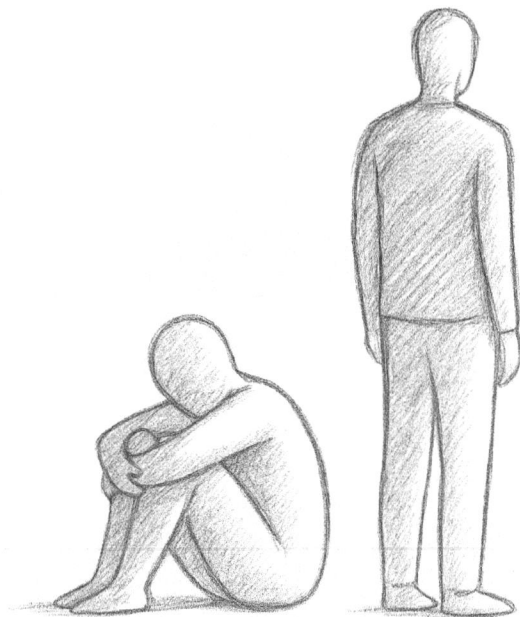

# El hogar de la maldad

*La maldad no nace, se cultiva donde el amor fue negado.*
*Pero también allí puede llegar la luz, si alguien decide sembrarla.*
*Donde hubo oscuridad, puede brotar redención.*

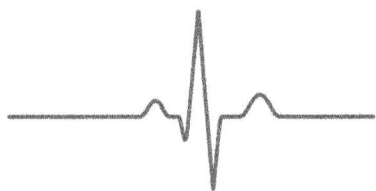

# El hogar de la maldad

La maldad no siempre llega con gritos ni con cuchillos. A veces se instala en silencio, en la indiferencia, en la costumbre de mirar hacia otro lado. No necesita de grandes actos para crecer. Le basta un corazón que dejó de sentir y unos ojos que dejaron de ver.

El hogar de la maldad no es un castillo oscuro ni una cueva maldita. Puede estar en una casa común. En una oficina elegante. En un rostro que sonríe mientras hiere. Porque la maldad no siempre parece maldad al principio. A veces se disfraza de poder, de conveniencia, de normalidad.

La maldad nace donde la empatía muere. Donde el "yo primero" se vuelve ley. Donde la compasión es vista como debilidad. Allí empieza a construirse su morada, ladrillo a ladrillo, con decisiones pequeñas que se justifican… hasta que se naturalizan.

Muchos creen que el mal es cosa de otros. De los criminales, los corruptos, los que hacen daño evidente. Pero el verdadero peligro es no ver la maldad que se gesta en lo cotidiano: en el desprecio, en la burla, en la falta de justicia, en la humillación velada.

A veces, el hogar de la maldad se construye en familias donde el amor se volvió control. Donde se hereda el miedo, se esconde el abuso, y se enseña a callar. Donde se enseña que obedecer es más importante que sentir.

También se asienta en instituciones donde el poder importa más que la verdad. Donde se protege al fuerte y se silencia al vulnerable. Donde las reglas pesan más que las conciencias. Y allí, lentamente, el alma se enfría.

Pero el hogar de la maldad no es invencible. Se alimenta del silencio, de la ignorancia, del conformismo. Pero cuando alguien enciende la luz, cuando alguien se atreve a decir *"esto no está bien"*… las paredes de ese hogar empiezan a temblar.

La resistencia comienza con la conciencia. Con el valor de ver lo que cuesta mirar. Con la honestidad de revisar nuestros actos. Porque la maldad más peligrosa no es la ajena… es la que uno justifica en sí mismo.

Hay hogares donde creció la maldad, pero también hay corazones que se negaron a ser parte de ella. Gente que resistió con amor, con integridad, con firmeza. Gente que no necesitó ser héroe, solo humano de verdad.

Donde hay una voz que se levanta por el bien, por la justicia, por el amor… allí ya no puede vivir la maldad. Porque su hogar necesita oscuridad para sostenerse. Y la luz, aunque sea pequeña, siempre la incomoda.

El hogar de la maldad también puede estar en uno mismo. En los rincones que no queremos mirar. En los rencores que cultivamos, en la venganza que alimentamos en secreto, en la frialdad con la que justificamos nuestro egoísmo.

Pero así como lo permitimos entrar, también podemos echarlo. No con violencia, sino con honestidad. Con compasión hacia uno mismo y decisión de cambiar. Porque nadie está exento de la sombra. Pero todos podemos aprender a elegir la luz.

Los actos más crueles nacen, muchas veces, de heridas no sanadas. De almas que nunca aprendieron a amar. Eso no excusa el mal… pero ayuda a entenderlo. Y lo que se entiende, puede transformarse.

No se trata de negar que la maldad existe. Se trata de no darle casa en el corazón. De no dejarla crecer en nuestras decisiones, en nuestras palabras, en nuestras omisiones.

La justicia no siempre llega desde afuera. A veces empieza cuando uno decide no repetir el patrón. No pasar el dolor. No justificar el abuso. No perpetuar la mentira. Esa es también una forma de justicia silenciosa… pero poderosa.

Y aunque parezca que el mundo está lleno de maldad, también está lleno de luz. Gente que cuida, que da, que sana, que educa, que ama. Ellos no salen en las noticias, pero están ahí, desmantelando el hogar de la maldad desde dentro.

Cada vez que eliges el respeto sobre el juicio, la empatía sobre la burla, el perdón sobre la venganza, la verdad sobre la comodidad… estás derrumbando una pared de ese hogar sombrío.

Porque el mal se expande cuando nadie lo cuestiona,
pero se disuelve cuando alguien se atreve a mirar con conciencia,
a actuar con amor,
y a vivir con propósito.

Y entonces, la maldad pierde su hogar…
y el bien recupera su lugar.

Samuel creció en una casa donde el amor no tenía voz. Su padre golpeaba con palabras y con manos. Su madre callaba para sobrevivir. Las paredes de su hogar estaban llenas de silencios, gritos reprimidos y reglas marcadas con miedo.

Desde pequeño aprendió a no llorar, a no hablar mucho, a complacer para no provocar. Creció creyendo que ser hombre era sinónimo de dureza, control y castigo. A los quince años ya había repetido varias veces las mismas frases hirientes que oyó en casa.

Se volvió fuerte por fuera y duro por dentro. Aprendió a intimidar para no ser vulnerable. A dominar antes de que lo dominaran. No se daba cuenta, pero estaba construyendo el mismo hogar de la maldad que juró odiar.

A los veinticinco tuvo su primer hijo. No sabía ser padre, solo sabía repetir lo que había vivido. Al principio fue paciente, pero cuando el niño lloraba o cometía errores, algo se encendía en él. Una rabia heredada. Una sombra que lo habitaba.

Una noche, su hijo de cinco años lo miró con miedo. Fue un instante breve, pero algo en Samuel se quebró. Se vio reflejado en esos ojos. Se vio a sí mismo, muchos años atrás, escondido tras la mesa mientras su padre alzaba la voz.

Esa noche lloró por primera vez en décadas. Lloró por su niñez, por su hijo, por su madre, por todo lo que nunca dijo. Y en medio de ese llanto, entendió algo: él era el hogar ahora. Y podía elegir entre repetir o transformar.

Al día siguiente, pidió ayuda. Buscó terapia, algo que nunca creyó necesario. Le costó admitir su dolor, su historia, su impotencia. Pero allí empezó el cambio. No fue inmediato, pero fue real.

Empezó a hablar con su hijo con ternura. A pedir perdón. A construir nuevas formas de corregir. A abrazar más. A escuchar más. Cada pequeño gesto era una demolición silenciosa del hogar de la maldad que había heredado.

Con el tiempo, también habló con su madre. Le pidió perdón por haberla juzgado. Y le agradeció por haber resistido en silencio. Ese abrazo los liberó a ambos.

Años después, Samuel se convirtió en mentor para padres jóvenes. No desde el pedestal, sino desde la experiencia. Les hablaba del poder de romper cadenas. Del valor de elegir la luz, incluso cuando se viene de la sombra.

—No soy un ejemplo perfecto —decía—. Pero soy una prueba viva de que se puede empezar de nuevo. Que uno puede construir un hogar distinto, aunque haya nacido en el dolor.

Su hijo, ya adolescente, hablaba con orgullo de él.
—Mi papá me enseñó a llorar sin vergüenza y a pedir perdón con firmeza. Eso es ser hombre para mí.

Samuel no olvidó su pasado, pero dejó de vivir desde él. Honró su historia dándole un final diferente. Uno donde la maldad no tuvo la última palabra.

Y así, ladrillo a ladrillo, gesto a gesto,
construyó un nuevo hogar.
Uno donde el amor era la ley,
la ternura era fuerza,
y la verdad… una forma de sanar.

## Para Reflexionar

### Donde hubo sombra... puede crecer la luz

No todo lo que heredamos
merece quedarse.
Hay casas que no fueron hogar,
hay palabras que no debieron ser dichas,
hay silencios que dolieron más que un grito.

Pero también hay una elección.
Y esa elección... eres tú.

Tú puedes ser el final de una cadena.
La grieta donde entre la luz.
El abrazo que no te dieron,
la voz que no escucharon,
el refugio que soñaste.

No estás condenado a repetir.
El dolor no es destino,
es mensaje.
Y si decides escucharlo...
puede transformarse en medicina.

Porque la maldad se alimenta del descuido,
pero la bondad se construye con decisión.
Y cada vez que eliges amar distinto,
educar distinto,
vivir distinto...
una casa nueva se levanta.

Una donde nadie se esconde,
donde se puede hablar sin miedo,
llorar sin vergüenza,
y sanar... sin pedir permiso.

# La realidad de un mujeriego

*Detrás de cada deseo desenfrenado, hay un corazón herido.*
*La conquista constante a veces es solo una forma de huir del vacío.*
*Hasta que el alma cansada decide volver a casa.*

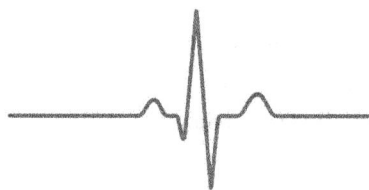

# La realidad de un mujeriego

El mundo aplaude al mujeriego. Lo llama galán, conquistador, seductor. Lo pinta como libre, valiente y admirado. Pero pocas veces se detienen a ver lo que hay detrás de ese personaje: una herida. Una búsqueda insaciable de algo que aún no ha encontrado.

Ser mujeriego no es sinónimo de libertad. Muchas veces es señal de vacío. De un corazón fragmentado que colecciona cuerpos porque no sabe sostener un alma. Que toca pieles pero nunca se atreve a tocar su propia verdad.

Detrás de cada conquista, muchas veces hay miedo. Miedo a quedarse solo. A ser herido. A comprometerse con lo que no puede controlar. Por eso salta de una historia a otra. No para vivir intensamente, sino para no quedarse demasiado tiempo en ninguna.

El mujeriego no siempre es un villano. Es un ser humano que muchas veces no aprendió a amar de forma sana. Que fue validado solo por su apariencia, su poder, su capacidad de seducir… pero nunca por su vulnerabilidad.

Muchos de ellos aprendieron que amar es perder poder. Que comprometerse es una trampa. Que ser fiel es una forma de entregarse demasiado. Por eso prefieren huir antes de ser vistos realmente. Se esconden detrás de sonrisas, de regalos, de gestos calculados.

En el fondo, anhelan amor. Pero no saben sostenerlo. Y cuando alguien intenta darles algo real, se asustan. No porque no lo deseen, sino porque no se sienten dignos. No se creen suficientes. No conocen la calma del amor sincero, solo el vértigo del deseo.

El cuerpo se vuelve su territorio de control. La conquista, su medida de valor. Cada nueva mujer es una afirmación externa que intenta tapar una inseguridad interna. Pero esa afirmación se desvanece pronto… y vuelve el ciclo.

Ser mujeriego es una forma de evasión emocional. Es más fácil cambiar de rostro que enfrentarse a uno mismo. Es más sencillo hablar de pasión que hablar de infancia. Es más cómodo huir que construir.

Muchos mujeriegos vienen de hogares donde no hubo amor estable. Donde el cariño fue confuso, o ausente. Donde aprendieron a asociar afecto con control, o abandono. Y sin saberlo, repiten los mismos patrones que un día los marcaron.

Esto no los justifica. Pero sí los humaniza. Porque mientras más se oculta la herida, más daño causa. Y un hombre que no ha sanado su historia, inevitablemente hará daño… incluso sin querer.

El problema no es el deseo. El problema es el uso del otro como escape. La manipulación disfrazada de romance. El ego disfrazado de carisma. Y la promesa disfrazada de conexión.

La realidad del mujeriego es que, muchas veces, termina solo. Rodeado de historias, pero sin historia. Con muchas experiencias, pero sin verdadera experiencia emocional. Con muchas noches… pero pocos amaneceres compartidos desde el alma.

Algunos despiertan tarde. Cuando ya han herido demasiado. Cuando ya han sido dejados por alguien que sí los amaba. Cuando se miran al espejo y no reconocen al hombre que juraban controlar.

Pero también hay quienes eligen sanar. Que un día se cansan de huir. Que deciden mirar su historia, pedir perdón, hacer las paces con su pasado y aprender una forma nueva de amar.

Porque se puede dejar de ser mujeriego. No es una condena. Es una máscara que se puede soltar. Una forma de vida que se puede transformar en profundidad, compromiso y verdad.

Para eso, se necesita valor. No para conquistar a alguien más, sino para conquistarse a sí mismo. Para sentarse con su historia. Para no salir corriendo cuando el amor toca la puerta sin disfraces.

Y si lo logra, descubre algo poderoso:
que amar a una sola persona con el alma entera
es mucho más valiente que tener muchas sin entregarse a ninguna.

La realidad del mujeriego es compleja, pero no definitiva.
Detrás del rol, hay un hombre.
Y si ese hombre elige despertar,
su historia aún puede convertirse
en redención.

Karim era conocido en las plazas de Granada como un hombre de palabras suaves y mirada encendida. Sus pasos dejaban aroma a conquista, y su voz, música de promesas que muchas creían únicas. Las tabernas contaban sus gestas como quien recita poemas: con asombro y admiración.

Heredero de una familia de comerciantes, tenía riqueza, encanto y libertad. Pero en las noches, cuando todo el bullicio callaba, sentía el eco de algo que no sabía nombrar. Como si su alma, detrás de tantas sonrisas, se supiera sola.

Había amado muchas bocas... pero no conocía el sabor de una conversación profunda al amanecer. Había recorrido muchas pieles... pero ninguna le tocó el alma. Hasta que la vio: Aziza.

Aziza era distinta. Tenía la calma de las olas que conocen su fuerza. Hablaba poco, pero miraba con la intensidad de quien ya ha vivido más de una vida. No buscaba atención, pero la atención se volcaba hacia ella como el sol a las flores.

Karim la observó durante semanas en el mercado de especias. Ella tejía junto a su abuela, vendía tés y cantos de su tierra. Él la saludó como a todas... con galantería. Pero ella no respondió con risas ni rubores. Le devolvió el saludo con dignidad. Y siguió con su hilo.

Por primera vez, Karim sintió que su encanto no era suficiente. Y lejos de herir su ego, lo despertó. Quiso saber más de ella. Quiso entender qué guardaban esos ojos de luz y sombra. Pero Aziza no era fácil de alcanzar.

Él volvió una y otra vez. Ya no con halagos, sino con preguntas sinceras. Le llevó libros, silencios, palabras no ensayadas. Y poco a poco, algo dentro de él comenzó a deshacerse... como una armadura que ya no servía.

Aziza lo escuchaba sin interrumpir, y a veces le respondía con historias antiguas, como si su alma recordara cosas que él había olvidado. Una tarde le dijo:
—Karim, tú no eres solo quien seduce. Eres quien busca. Pero primero debes saber qué estás buscando.

Esas palabras lo persiguieron por días. Empezó a escribir. A caminar solo por la Alhambra al amanecer. A recordar su infancia, su madre que partió temprano, su padre frío como los muros del palacio. Comprendió que no era deseo lo que buscaba… era amor, pero no sabía sostenerlo.

Una tarde de otoño, bajo un limonero antiguo, le confesó a Aziza:
—Creí que lo que me hacía hombre era tener muchas. Pero contigo entendí que lo valiente es quedarse. Que lo difícil no es conquistar… es entregarse.

Aziza sonrió. No con burla, sino con ternura. Y por primera vez, Karim sintió que alguien lo había visto de verdad. No como el galán, sino como el hombre que temblaba por dentro.

No fue un romance de cuentos. Fue una historia de transformación. De cartas largas, de silencios curativos, de heridas que se cerraban con verdad. Aziza no lo salvó. Solo le mostró el espejo. Y él eligió mirarse.

Karim dejó atrás su viejo nombre en las plazas. Se convirtió en maestro de escritura para jóvenes. Enseñaba sobre metáforas, pero también sobre el amor honesto. Y cuando alguien le preguntaba por qué ya no era "el mismo", respondía:
—Porque conocí a alguien que me enseñó que el amor no se colecciona… se cultiva.

Aziza y él caminaron juntos por muchos años. No fueron perfectos, pero fueron reales. Y cada vez que la miraba tejer al atardecer, Karim pensaba que los hilos del alma también podían repararse… si uno estaba dispuesto a dejar de huir.

## Reflexión final

### El amor que no huye... sana

Hay quienes recorren muchas bocas,
pero nunca son besados de verdad.
Quienes duermen con cuerpos distintos,
pero amanecen igual de solos.

Porque el amor no se mide por la cantidad de nombres,
sino por la profundidad de uno solo.
Ese que llega sin disfraces,
que no se deja engañar por tu encanto,
y que te pide algo más que seducción:
verdad.

El verdadero amor no se rinde ante el juego,
espera que termines de huir.
No te persigue,
pero tampoco te olvida.
Se sienta a un lado del camino
y aguarda a que estés listo para mirarte.

Y cuando por fin lo haces,
no se asusta de tus sombras,
ni te castiga por tu pasado.
Solo extiende la mano
y dice con el alma:
"Si eliges quedarte... aprendamos a amar juntos."

Porque el amor real no se conquista.
Se honra.
Y cuando llega,
no llena un vacío...
te enseña a no volver a vaciarte.

# Una familia abnegada

*La abnegación es el lenguaje silencioso del amor real.*
*Hay familias que dan sin medir, que sostienen en silencio, que aman incluso*
*cuando no se les reconoce.*
*Son pilares que no se ven, pero mantienen todo en pie.*

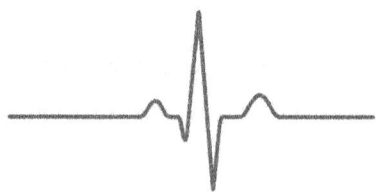

# Una familia abnegada

La verdadera grandeza de una familia no se mide por lo que tiene, sino por lo que entrega. Hay familias que no brillan en redes sociales, que no tienen vacaciones lujosas ni casas enormes… pero tienen algo más valioso: amor abnegado.

La abnegación no es servilismo. Es entrega voluntaria, consciente, sostenida por el amor. Es dar sin esperar retribución. Es saber que el bienestar del otro también es el propio. Y hacerlo no por obligación, sino por convicción.

Una familia abnegada es aquella donde alguien se levanta más temprano para preparar el café de todos, donde alguien renuncia a un sueño para que otro pueda estudiar, donde los abrazos llegan antes que los reproches.

Son esas madres que dejan de comprarse ropa para que sus hijos no pasen frío. Esos padres que se inventan sonrisas aun cuando el estómago cruje. Esos abuelos que crían por segunda vez cuando la vida de sus hijos se ha roto.

No se ven en los titulares. No reciben premios. Pero sin ellos, el mundo se vendría abajo. Porque sostienen la sociedad desde lo invisible. Desde el amor cotidiano. Desde el sacrificio silencioso.

Una familia abnegada es también aquella que perdona. Que abraza al que se equivoca. Que espera con paciencia al que se aleja. Que extiende la mesa cuando uno más lo necesita. Donde nadie es perfecto, pero el amor sí es perseverante.

Hay quienes confunden abnegación con debilidad. Pero en realidad, se necesita mucha fuerza para amar sin condiciones, para sostener a otros sin dejar de ser uno mismo, para servir sin perder la dignidad.

La abnegación no significa negarse a uno. Significa elegir con libertad el acto de dar, sabiendo que en esa entrega también se nutre el alma. Es entender que el amor no se agota cuando se comparte… se multiplica.

No todas las familias tienen esa esencia. Algunas repiten patrones de egoísmo o indiferencia. Pero aun en esos entornos, siempre puede surgir alguien que elige amar distinto. Que rompe el ciclo. Que siembra la diferencia.

La familia abnegada no es perfecta. También discute, también se cansa, también falla. Pero no abandona. Vuelve. Repara. Pide perdón. Y sigue adelante, porque su lazo es más fuerte que el orgullo.

En los momentos de crisis, se revela su verdadera esencia. Cuando alguien enferma, cuando falta el dinero, cuando llega una pérdida… ahí florece su amor resiliente. Ahí se convierten en sostén, refugio, altar.

Una familia así no siempre está unida por sangre. A veces es elegida. A veces es tejida con amistad, con respeto, con valores compartidos. Lo que la define no es el apellido, sino la capacidad de entregarse unos a otros con sinceridad.

El mundo necesita más familias así. Que enseñen a los niños a servir con alegría, a perdonar con el corazón, a cuidar al otro sin esperar aplauso. Que enseñen que el amor se demuestra más en lo simple que en lo espectacular.

Una familia abnegada enseña a mirar al otro con compasión. A cuidar sin controlar. A corregir sin humillar. A amar sin poseer. A sembrar vínculos que no se rompen con el viento de las diferencias.

Cada acto de abnegación es una semilla que queda. Un hijo que fue amado sin condiciones, mañana sabrá amar así. Una hija que vio a su madre luchar en silencio, entenderá el valor de la ternura valiente.

La familia abnegada no busca reconocimiento. Pero su impacto es eterno. Porque deja una herencia invisible… de amor, de entrega, de nobleza. Y esa herencia, cuando es sembrada en el corazón, nunca muere.

En un pequeño pueblo de montaña, vivía la familia de Doña Elvira. Tenía tres hijos, un esposo que enfermó joven, y una casa de madera que crujía con cada viento... pero se mantenía en pie igual que ella: firme, cálida y resistente.

Desde que su esposo quedó paralítico tras un accidente laboral, Elvira se convirtió en columna del hogar. Lavaba ajeno, vendía empanadas, bordaba manteles por encargo. Nunca se quejó. Solo decía:
—Dios provee, pero yo también camino.

Sus hijos crecieron viendo el sacrificio de su madre, pero también su ternura. Aunque llegara rendida, siempre tenía una historia para contar o un té caliente para ofrecer. En su mesa nunca hubo abundancia, pero jamás faltó dignidad.

Los vecinos admiraban su fortaleza. Pero lo que más sorprendía era la unión de su familia. Los niños aprendieron a ayudar desde pequeños. Uno cocinaba, otro leía los cuentos al padre, la más pequeña barría cantando.

Un día, uno de sus hijos, Darío, fue becado para estudiar en la ciudad. Elvira vendió su único anillo de oro para pagarle el viaje. Cuando él se negó, ella lo abrazó y le dijo:
—Lo único que no te puedo dejar es el lujo. Pero sí el valor de luchar por tus sueños.

Años después, Darío regresó con un título en la mano y lágrimas en los ojos. Había conseguido trabajo como maestro y lo primero que hizo fue arreglar el techo de la casa. Lo segundo, comprarle a su madre el mismo anillo que ella había vendido.

La historia de Elvira se fue contando de boca en boca. No por ella, sino por quienes se inspiraban con su ejemplo. Era la mujer que cuidaba sin descanso, pero nunca dejaba de sonreír. Que no sabía de autosuficiencia moderna, pero sí de sacrificio con amor.

Cuando el esposo de Elvira murió, ya sus hijos eran adultos. Todos volvieron al pueblo, y entre todos, construyeron una nueva casa en el mismo terreno. Pero conservaron un rincón de la vieja: la cocina donde Elvira enseñó a amar con pan y paciencia.

Un periodista local quiso entrevistarla. Le preguntó qué había sentido al criar sola, al renunciar a tanto. Ella lo miró y dijo:

—No renuncié. Elegí. Porque cuando uno ama de verdad, no lo siente como carga… sino como propósito.

Elvira vivió hasta los 82. Murió rodeada de sus nietos, con las manos arrugadas, pero llenas de historias. En su epitafio, sus hijos escribieron:
**_"Aquí descansa la raíz de todo lo que somos."_**

Hoy, cada vez que alguien en el pueblo habla de ella, no recuerda sus trabajos, sino su forma de amar. Su silencio noble. Su ternura inquebrantable. Su fe puesta en la vida… incluso cuando todo parecía derrumbarse.

Y así, la historia de una madre sencilla
se volvió testimonio eterno
de lo que puede una familia
cuando el amor se pone por delante de todo.

## Para Reflexionar

### Donde hay abnegación… florece la eternidad

No hacen ruido,
pero sostienen el mundo.
No buscan premios,
pero siembran los más grandes milagros.

Son esas manos que se levantan temprano
para preparar el desayuno del alma,
que remiendan ropa y corazones,
que curan con caricias y con fe.

La familia abnegada no presume su amor…
lo vive.
No necesita palabras,
porque su lenguaje es el servicio,
la paciencia,
la entrega que no exige nada a cambio.

Y cuando se van,
dejan más que herencia:
dejan ejemplo.
Dejan caminos seguros donde otros
pueden caminar sin miedo.

Porque el amor que se entrega sin medida,
aunque parezca invisible,
es el único capaz de trascender el tiempo.

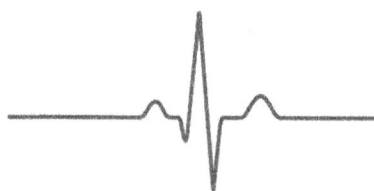

# Las lágrimas del alma

Hay lágrimas que no se ven, pero pesan.
Son las que el alma derrama en silencio, sin testigos, buscando alivio.
Y aun así, en cada lágrima hay una verdad que purifica.

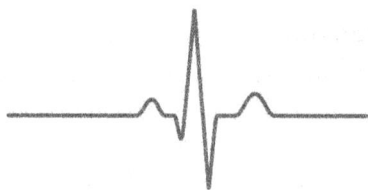

# Las lágrimas del alma

No todas las lágrimas se ven.
Hay algunas que no mojan la piel,
pero empapan el corazón.
Lágrimas que no ruedan por las mejillas,
pero que dejan huellas en el alma.

El alma también llora.
Llora cuando la mente calla.
Cuando el cuerpo sigue andando,
pero por dentro…
todo se detuvo.

Las lágrimas del alma no tienen horario.
A veces aparecen en medio de una conversación,
otras veces en el silencio de la madrugada,
cuando nadie está mirando,
cuando uno finge que todo está bien.

Son las lágrimas de la pérdida no aceptada,
del perdón que no llega,
del amor que no fue,
de la infancia que dolió,
del futuro que no se cumplió.

El alma llora por lo que no pudo decir.
Por lo que aguantó demasiado.
Por las veces que se traicionó a sí misma
para complacer a los demás.
Por las veces que se abandonó… sin notarlo.

Llorar con el alma no es debilidad.
Es memoria.
Es sanación.
Es la forma en que el espíritu dice:
*"Aquí hay algo que aún necesita atención."*

A veces, la lágrima del alma no cae…
se transforma en insomnio,
en ansiedad,
en una tristeza sin nombre
que uno no sabe de dónde viene.

Pero todo dolor que se escucha,
empieza a rendirse.
Y cuando uno se permite sentir,
la lágrima encuentra su cauce
y se convierte en alivio.

No todas las lágrimas del alma son tristes.
Algunas son de gratitud.
De reencuentro con uno mismo.
De haber sobrevivido cuando no había fuerzas.
De haber entendido que lo vivido… también tuvo sentido.

El alma también llora cuando se libera.
Cuando perdona.
Cuando se permite amar de nuevo.
Cuando suelta el rencor que llevaba años sosteniendo.

Y no hay limpieza más profunda
que la que nace de esas lágrimas.
No hay transformación más real
que la que se gesta después del llanto que nadie ve.

Por eso no hay que temerle a llorar.
Ni avergonzarse de sentir.
Ni pedir perdón por quebrarse.
Porque muchas veces…
**quebrarse es la única forma de abrirse.**

Quien ha llorado con el alma
ha visitado un lugar sagrado.
Y quien se ha secado esas lágrimas con amor,
ha encontrado un nuevo comienzo.

Las lágrimas del alma son oraciones sin palabras.
Y cuando llegan…
es Dios mismo quien recoge cada una,
para recordarte que no estás solo.

Isamar siempre fue fuerte. La hija mayor de cinco hermanos, criada por una madre soltera en un barrio donde la supervivencia era una rutina. Desde niña aprendió a cuidar, a resolver, a sostener. Nadie la vio llorar… jamás.

Creció, estudió, trabajó. Se convirtió en enfermera. Era la que todos llamaban cuando algo pasaba. La que tenía una palabra para cada crisis, una sonrisa para cada tristeza ajena. Pero en su casa, al cerrar la puerta, el silencio pesaba.

A los treinta y cinco, después de una relación larga, fue abandonada sin explicación. *"No eres tú, soy yo"*, le dijeron. Pero ella sintió que sí era ella. Su entrega, su lealtad, su sacrificio… no fueron suficientes.

Los días siguieron, pero algo en ella se apagó. Comía por costumbre. Dormía por cansancio. Y atendía pacientes como si no estuviera completamente ahí. Nadie notaba nada. Porque Isamar… era la fuerte.

Hasta que un día, al cambiarle una sonda a una anciana moribunda, la mujer le tomó la mano y le susurró con voz temblorosa:
—No cargues tanto. Ya se te nota en los ojos que quieres llorar.

Fue como si una grieta se abriera en su alma. Terminó su turno, fue al baño del hospital, se encerró, y por primera vez en muchos años… lloró. Pero no con los ojos. Lloró desde adentro. Desde las partes más olvidadas de su ser.

El llanto no tenía nombre. No era solo por el abandono. Era por su niñez, por todo lo que calló, por todo lo que sostuvo sola, por todo lo que no supo pedir. El alma, al fin, se había rendido.

Durante semanas siguió llorando en secreto. En su habitación. En la ducha. En sus caminatas al atardecer. Pero con cada lágrima, algo dentro de ella comenzaba a reordenarse. Como si el dolor, en lugar de destruirla, la estuviera vaciando de todo lo que ya no necesitaba.

Isamar comenzó a escribir. A leer sobre emociones. A hablar con una terapeuta. A decir **"no"** sin culpa. A pedir ayuda sin vergüenza. Poco a poco, la mujer fuerte se reencontró con la mujer humana. Y eso... la hizo más fuerte aún.

Un día, al mirar su reflejo en el espejo, ya no vio solo cansancio. Vio ojos más limpios. Más claros. Como si el alma, después de llorar tanto, hubiese despertado con una luz nueva.

Sus amigas notaron el cambio.
—Te ves distinta —le dijeron.
Y ella respondió:
—Es que ya no cargo todo. Aprendí que hasta el alma necesita llorar para poder respirar.

Hoy Isamar acompaña a otras mujeres en procesos similares. No desde el rol de salvadora, sino como testigo. Les dice:
—No tengan miedo de llorar. Las lágrimas no debilitan... limpian el alma.

Y así, la mujer que no se permitía quebrarse,
se convirtió en faro
para otras almas que también
necesitaban permiso para llorar.

## Reflexión final

### Cuando el alma llora... florece el corazón

Hay lágrimas que nadie ve,
pero Dios las cuenta una por una.
No mojan el rostro,
pero riegan las raíces más profundas del ser.

Lágrimas que no se oyen,
pero sanan gritos antiguos,
dolores escondidos,
cicatrices aún abiertas.

No te avergüences de llorar en silencio.
Allí donde el alma se quiebra,
comienza el renacer.
Porque las lágrimas que no piden permiso...
son las más sinceras.

El alma no llora por debilidad.
Llora porque aún tiene fe,
porque aún quiere sanar,
porque no ha renunciado a sí misma.

Y cuando termines de llorar...
no serás el mismo.
Serás más verdadero.
Más liviano.
Más libre.

Porque el alma que se atreve a llorar...
también se atreve a vivir.

# Un hombre trascendente, un modelo para el mundo

*Un hombre trasciende no por lo que tiene, sino por lo que deja en los demás.*
*Su ejemplo es semilla, su fe camino, su vida mensaje.*
*Un modelo verdadero no impone… inspira.*

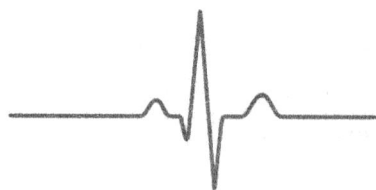

# Un hombre trascendente, un modelo para el mundo

*(desde la profecía hasta la eternidad)*

Muchos siglos antes de su nacimiento, ya se hablaba de él. Isaías, el profeta, elevó su voz en medio de un pueblo herido por la injusticia y la opresión. "He aquí que la virgen concebirá, y dará a luz un hijo, y llamará su nombre Emanuel", dijo en el año 740 a.C., cuando el miedo gobernaba y la esperanza escaseaba. No habló de un rey conquistador, ni de un guerrero con espadas. Habló de un siervo sufriente, de uno que cargaría con el dolor ajeno, que sería herido por nuestras rebeliones, molido por nuestras iniquidades, y que por sus llagas seríamos sanados. No todos entendieron aquella profecía, pero quedó sembrada como una promesa viva en el corazón de los humildes.

Pasaron generaciones enteras esperando aquel rostro. Y cuando llegó, no fue en palacios, sino en un establo. No vino con trompetas, sino con el llanto de un niño envuelto en pañales. Nació en Belén, bajo un cielo estrellado, rodeado de pastores, bajo el amparo de una madre valiente y un padre obediente. Su llegada fue anunciada a los sencillos, no a los poderosos. Ya desde entonces, su mensaje se dibujaba distinto: vendría a levantar a los caídos, no a exaltar a los grandes; a servir, no a ser servido.

Jesús creció en el anonimato de Nazaret, un pueblo pequeño, olvidado por los imperios. Trabajó la madera, compartió la vida de los pobres, escuchó las historias de su gente. No estudió en las escuelas de los sabios, pero hablaba con la sabiduría de los cielos. No tenía riqueza ni posición, pero su presencia transformaba. Porque en su voz había verdad, en sus ojos compasión, y en sus manos, una ternura que curaba sin medicinas.

A los treinta años, su tiempo llegó. Fue bautizado por Juan en el Jordán y, desde entonces, comenzó a recorrer pueblos, desiertos, montañas. Predicó sobre un Reino que no era de este mundo, donde los últimos serían primeros, donde el amor sería ley, y el perdón, camino. Tocó leprosos, defendió adúlteras, lloró con las viudas, sanó con barro y saliva, multiplicó panes, pero sobre todo, multiplicó la esperanza.

No vino a fundar una religión. Vino a mostrarnos una forma de vivir. Una forma de amar. Rompió normas sin perder la santidad. Desafió a líderes sin perder el respeto. Calló ante insultos, pero habló con firmeza ante la injusticia. Su autoridad no nacía del título, sino del ejemplo. Y por eso, era irresistible para los que sufrían… e intolerable para los que dominaban.

Los poderosos lo temían porque no podían controlarlo. Los religiosos lo rechazaban porque no encajaba en sus moldes. Él no hablaba de sacrificios, sino de misericordia. No enseñaba a temer a Dios, sino a amarlo como Padre. Su mensaje trastornó a tantos, que decidieron silenciarlo con violencia. Pero ni la cruz pudo contenerlo.

Jesús no murió por casualidad. Fue traicionado, juzgado injustamente, escupido, azotado y clavado como criminal. Pero en medio del dolor, pronunció palabras que ningún corazón olvidará: *"Padre, perdónalos, porque no saben lo que hacen."* Allí, colgado entre el cielo y la tierra, redefinió la grandeza. No desde el poder, sino desde la entrega total.

Y al tercer día, cuando todo parecía perdido, la piedra fue removida. El sepulcro quedó vacío. La muerte no pudo con él. Resucitó. No como un mito, sino como promesa viva. Se apareció a sus discípulos, rompió el pan con ellos, devolvió la fe a quienes habían huido. Y con su resurrección, sembró una revolución que aún no ha terminado.

Desde entonces, millones han seguido sus pasos. Algunos lo hicieron en silencio, otros a gritos. Algunos murieron por su causa, otros vivieron transformados. Pero todos los que lo encontraron de verdad, ya no pudieron volver a ser los mismos. Porque Jesús no es solo una figura histórica. Es presencia. Es guía. Es modelo perfecto de amor.

Siglos han pasado, imperios han caído, doctrinas han cambiado… pero su mensaje permanece. Su nombre sigue cruzando continentes. Su historia sigue rompiendo corazones de piedra. Y su amor sigue sanando almas rotas. Porque no vino para quedarse en un libro, sino para habitar en cada vida que se abre a su luz.

Jesús no tuvo ejército. No escribió libros. No gobernó naciones. Pero su influencia es más grande que la de todos los reyes juntos. Porque lo que dejó no fue una estructura... fue un camino. Un camino de verdad, de compasión, de entrega total. Un camino que sigue desafiando al mundo entero.

En tiempos de odio, habló de amar al enemigo. En tiempos de orgullo, lavó pies ajenos. En tiempos de violencia, ofreció la otra mejilla. Y en tiempos de abandono, prometió estar con nosotros hasta el fin del mundo. Nadie más ha mostrado tanto poder... en tanta humildad.

A lo largo de los siglos, muchos han intentado manipular su nombre. Lo han usado para guerras, para control, para dividir. Pero su esencia no puede ser corrompida. Porque su legado no está en los templos de piedra, sino en los corazones que aman como él amó: sin condiciones, sin orgullo, sin medida.

Jesús sigue siendo modelo. No de perfección distante, sino de humanidad vivida con propósito. Lloró, se enojó, sintió miedo, necesitó compañía. Y sin embargo, nunca dejó de amar. Nos mostró que ser humano y ser santo no son contrarios, sino caminos paralelos cuando se camina con Dios.

Hoy, quien lo sigue no siempre será comprendido. Porque amar en un mundo egoísta es rebeldía. Perdonar cuando todos quieren venganza es escándalo. Servir cuando se busca dominar es locura. Pero es en esa locura... donde vive la verdad del Evangelio.

Jesús fue el rostro de Dios entre nosotros. Pero también fue espejo para que veamos lo que podemos llegar a ser. No vino a condenarnos por lo que no somos, sino a revelarnos lo que sí podemos ser: hijos de luz, portadores de paz, testigos del amor eterno.

Su vida fue una entrega. Su muerte, una ofrenda. Su resurrección, una promesa. Y su legado... un llamado. A vivir con propósito. A amar sin miedo. A entregar sin esperar. A servir sin aplauso. A sanar sin juicio. A vivir con fe.

Y hoy, tantos siglos después, sigue tocando corazones. Sigue llamando a la puerta. Sigue transformando a quienes se dejan alcanzar. Porque Jesús no está en el pasado. Está en el ahora. En cada gesto de amor auténtico. En cada vida que decide vivir para los demás.

Por eso, entre todos los nombres,
el suyo brilla distinto.
Porque no solo fue hombre…
fue redención viva.
Y sigue siendo…
el modelo más genuino de amor
que el mundo jamás haya conocido.

## Para Reflexionar

### El amor que camina descalzo

No nació entre coronas,
ni fue criado por tronos.
Llegó entre animales y esperanza,
con el cielo en los ojos
y la ternura en los dedos.

No escribió libros,
pero su palabra quedó viva.
No alzó banderas,
pero su nombre cruzó fronteras
sin ejército que lo defendiera.

Caminó descalzo sobre la tierra,
y donde pisó… floreció la dignidad.
Le habló al marginado,
tocó al enfermo,
perdonó al culpable,
y abrazó al que ya nadie quería ver.

Su fuerza no estaba en gritar,
sino en callar sin perder la verdad.
Su poder no era dominar,
era lavar pies y sanar con compasión.
Y su gloria no fue evitar la cruz…
fue elegirla por amor.

Hoy, siglos después,
el eco de su vida sigue resonando
en cada acto humilde,
en cada lágrima que se seca con bondad,
en cada corazón que ama aunque duela.

Porque Jesús no fue una historia…
es un susurro eterno en el alma humana.
Y quien lo sigue,
no lo repite…
lo encarna.

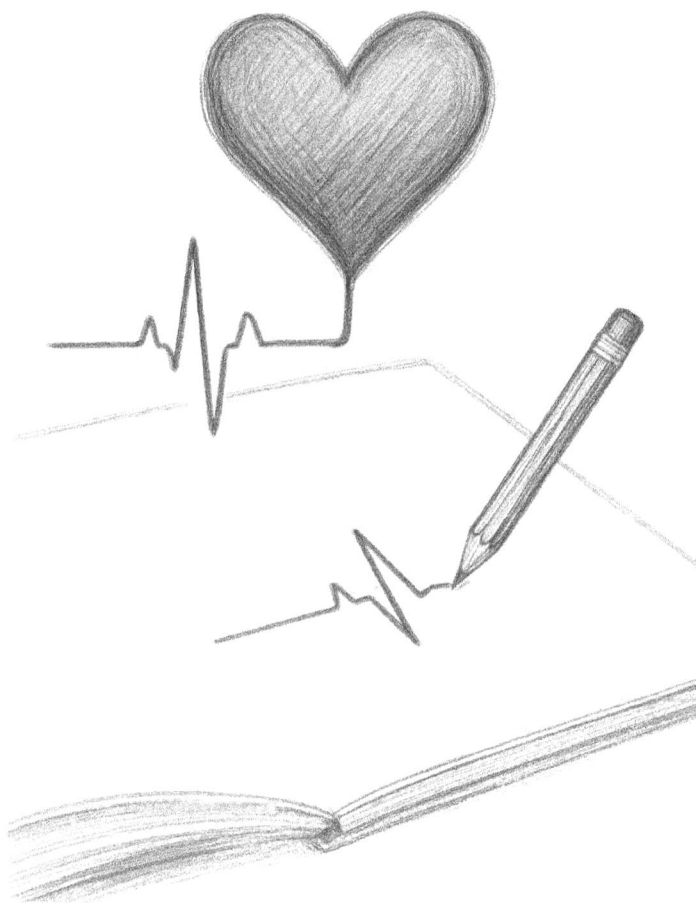

# El alma también escribe

*Hay historias que el alma cuenta sin palabras.*
*Cada cicatriz, cada suspiro, cada renuncia es un verso sagrado.*
*Y cuando el corazón se atreve a escuchar... entiende que también está escribiendo.*

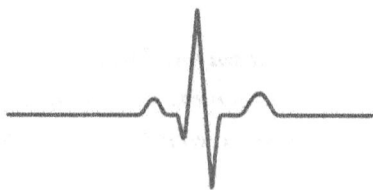

# El alma también escribe

Hay quienes creen que solo escribe quien toma un bolígrafo o se sienta frente a una página en blanco. Pero lo cierto es que el alma también escribe. No necesita tinta ni papel, ni editor que le dé permiso. Escribe en la memoria, en el cuerpo, en las emociones. Cada risa, cada herida, cada silencio guardado, es un renglón invisible. Cada decisión tomada con el corazón, cada dolor enfrentado en soledad, cada gesto de amor espontáneo, es un verso auténtico. Porque el alma narra incluso cuando la boca calla.

Hay días en que el alma escribe en mayúsculas, con fuerza, con certeza, con propósito. Esos días en que uno se siente vivo, coherente, conectado con algo más grande que sí mismo. Pero también hay días en que sus letras son borrosas, quebradas, llenas de dudas. Y aun así… escriben. Porque incluso en el caos, el alma deja testimonio de su búsqueda. No todo lo que escribe tiene forma. Algunas páginas son solo sensaciones, suspiros, intuiciones. Y eso también vale.

Cuando una persona sufre, el alma registra. Cuando ama, memoriza. Cuando pierde, conserva el eco. El alma no olvida, pero transforma. Hace de cada experiencia una semilla. Algunas florecen pronto, otras duermen durante años. Pero todas están ahí. Silenciosas. Esperando que un día uno las mire y diga: *"Esto también soy yo"*.

El alma no escribe para el aplauso. No busca fama. Escribe para no romperse. Para comprender. Para encontrar sentido. A veces escribe desde la herida, otras desde la gratitud, y muchas veces… desde un amor tan profundo que no cabe en palabras humanas. El alma también tiene su forma de perdonar, de cerrar ciclos, de abrir caminos. Y cuando logra escribir con verdad, uno siente paz. Aunque afuera haya tormenta.

Muchos llevan páginas enteras escritas en el pecho. Cuentos que nadie conoce, capítulos que jamás se contaron, epílogos que quedaron suspendidos. Pero el alma los recuerda. Los guarda. Porque sabe que no todo se dice con la voz. Hay historias que solo se pueden leer desde el corazón.

Hay momentos en la vida que se sienten como un punto final. Una pérdida, un cambio radical, una despedida. Pero el alma, sabia, rara vez pone puntos finales. Prefiere las comas. Las pausas. Los nuevos párrafos. Porque siempre cree que hay algo más por escribir. Una esperanza. Una reconstrucción. Un renacer inesperado.

Y cuando uno se detiene a escucharla, a leer lo que lleva dentro, se encuentra con verdades profundas. Con heridas abiertas que piden cierre. Con sueños olvidados que aún laten. Con versiones de uno mismo que esperan ser reconocidas. La lectura del alma no siempre es cómoda, pero siempre es reveladora. Porque allí… está la historia real.

El alma también escribe cuando perdonamos lo imperdonable. Cuando elegimos quedarnos en un lugar difícil por amor. Cuando decidimos partir por respeto propio. Cuando abrazamos a alguien sin pedir nada a cambio. Cada gesto noble, cada acto de fe, cada caída enfrentada con dignidad… es letra viva.

Hay quienes han escrito libros y aún no han leído su alma. Y hay quienes jamás han escrito una línea formal, pero han escrito obras maestras con sus vidas. Porque el alma también escribe con acciones. Con silencios que cuidan. Con miradas que salvan. Con gestos que no se olvidan.

A veces sentimos que nuestra historia está mal contada. Que el dolor fue demasiado. Que nadie entendería lo que vivimos. Pero si cierras los ojos, si respiras hondo, notarás que el alma no ha terminado. Que aún tienes tinta. Que aún hay páginas en blanco. Que aún puedes escribir distinto.

El alma también escribe cuando uno se encuentra con Dios. Cuando el corazón se vacía de orgullo y se llena de gratitud. Cuando en medio del dolor, se elige confiar. Cuando se acepta que no todo se controla… pero sí se puede amar en todo. Ese tipo de escritura no necesita testigos. Pero transforma.

En el fondo, todos somos escritores de nuestras propias vidas. A veces escribimos desde el miedo. Otras desde el amor. Lo importante es tener el valor de leer lo que llevamos dentro, de corregir cuando es necesario, de reescribir si hace falta. Y sobre todo, de ser fieles a lo que el alma realmente quiere contar.

Y si alguna vez sientes que tu historia ya no vale, que tus páginas no tienen sentido, recuerda esto: mientras estés vivo, puedes volver a escribir. No importa cuánto hayas tachado. Siempre habrá espacio para una línea nueva. Para una frase luminosa. Para un final distinto.

El alma también escribe en las personas que tocamos. En los hijos que criamos. En los amigos que cuidamos. En los extraños que ayudamos. Nuestra historia no termina en nosotros. Se expande. Se vuelve eco. Se vuelve semilla. Y en ese compartir, se hace eterna.

Así que escribe. Escribe con el alma. Con errores, con belleza, con verdad. Que cuando llegue el momento de cerrar el libro... no haya arrepentimiento, sino gratitud. Porque supiste narrarte desde el corazón. Y porque, al final, lo más importante no fue lo que te pasó... sino lo que hiciste con ello.

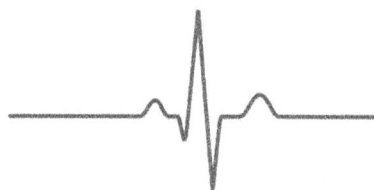

# Epílogo

Y ahora que la última página se acerca, me detengo por un instante. No para terminar, sino para honrar el camino recorrido. Porque este libro no fue una meta… fue un tránsito. Una búsqueda sincera por entender el alma humana, con todas sus luces y todas sus sombras.

Cada capítulo nació desde una emoción. Desde una experiencia propia, compartida o imaginada, pero siempre conectada a lo más real del ser humano: su vulnerabilidad. Aquí no se habló desde la perfección, sino desde la verdad. Desde lo roto. Desde lo que renace cuando uno se atreve a mirar hacia dentro.

Quise que estas páginas fueran más que palabras. Quise que fueran compañía. Que sirvieran como espejo, como abrazo, como pausa necesaria en medio del ruido. Y si en algún momento lograste reconocerte entre estas líneas, entonces este libro ya tiene sentido.

El alma escribe aunque no sepamos leerla a la primera. A veces grita. A veces susurra. Pero siempre deja señales. Y si algo espero de este viaje compartido, es que hayas podido escuchar, aunque sea una vez, el susurro de la tuya.

Gracias por llegar hasta aquí. Gracias por permitir que estas palabras te acompañen. Y sobre todo, gracias por atreverte a sentir, que es el acto más valiente de todos. Que este libro no se cierre… que se transforme en semilla.

Porque hay historias que no terminan,
solo cambian de voz.
**Y quizás, la próxima…**
**la escribas tú.**

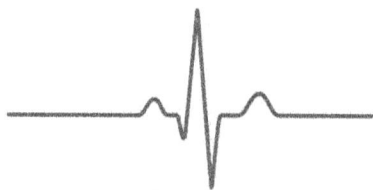

# Reflexión final

## Cuando el alma toma la pluma

Hay historias que se escriben con la razón,
pero las más verdaderas
nacen del alma que ha llorado, amado y resistido.
No buscan rima ni estructura perfecta,
solo quieren ser escuchadas
antes de desaparecer en el olvido.

El alma no escribe con tinta…
escribe con memoria.
Cada cicatriz es una sílaba.
Cada abrazo, un verbo sagrado.
Y cada silencio…
una pausa que lo dice todo.

Hay páginas que solo se revelan
cuando uno cierra los ojos
y se atreve a sentir sin juicio.
Entonces, brotan los versos del alma:
esos que nadie ve,
pero que sostienen la vida entera.

El alma también escribe cuando decides no rendirte.
Cuando te levantas sin fuerza,
pero con fe.
Cuando dices **"basta"** o **"te perdono"**
aunque aún duela.
Esa letra, aunque invisible… es eterna.

Porque en cada alma hay un libro secreto.
Algunos lo esconden.
Otros lo niegan.
Pero los valientes lo leen.
Lo escriben con verdad.
Y lo ofrecen al mundo
como acto de amor.

No temas lo que escribiste con dolor.
Allí también hay belleza.
No te avergüences de tus borradores.
Ahí vivió tu intento.
Tu deseo de comprender.
Tu derecho de ser humano.

Y si algún día tu historia se rompe…
vuelve a escribir.
No importa si tiemblas,
si manchas la página,
si las palabras no salen perfectas.
Lo importante es que sigas narrándote
con dignidad.

Porque mientras el alma escriba,
hay vida.
Y mientras haya vida,
hay capítulos por nacer.
Y quizás, en cada uno,
otro alma encuentre su luz.

Y al final del viaje,
cuando todo quede en silencio,
que lo último que se escuche sea esto:
**"Aquí vivió alguien que amó.**
**Que cayó y se levantó.**
**Y que escribió con el corazón… hasta el último latido."**

## Agradecimiento al lector

Gracias.
Gracias por recorrer conmigo este viaje de alma a alma, palabra a palabra, silencio a silencio.

Gracias por detenerte a escuchar tu interior a través de cada canto, por abrir el corazón a lo que a veces no se dice, pero se siente.
Gracias por permitir que esta obra tocara tu historia, aunque sea con un suspiro.
No hay mayor honor para un autor que saber que lo escrito con el alma fue leído con el alma.

Este libro no termina aquí.
Cada página que llevas dentro ahora te pertenece.
Y lo que hagas con lo que sentiste… será tu verdadera escritura.

*Porque cuando el corazón escribe,*
*la vida deja de ser solo vivida…*
*y comienza a ser comprendida.*

Janel J Silva A

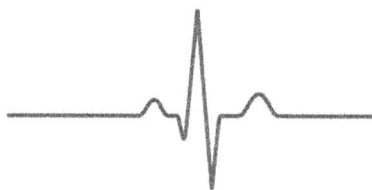

## Sobre el autor

Janel Silva es escritor, estudiante en término de Psicología Clínica y un apasionado observador del alma humana. A lo largo de su camino personal y académico, ha cultivado un profundo compromiso con la reflexión, la fe, el desarrollo emocional y la verdad interior. Su mirada combina sensibilidad, intuición espiritual y una vocación genuina de servicio a los demás.

Es autor de **El ángel de los tréboles**, obra publicada junto a la **licenciada Miledy Sánchez**, donde exploró el misterio del alma, las señales divinas y los encuentros que transforman la vida. Con **Cuando el corazón escribe:** *Un viaje al corazón del ser humano*, Janel entrega su segundo libro, esta vez desde una voz más íntima, nacida del proceso interior, el dolor superado y el amor vivido.

Ha trabajado como emprendedor, líder comunitario y difusor de contenido reflexivo, creando espacios donde la palabra escrita se convierte en herramienta de sanación y encuentro con uno mismo. Desde su marca personal y editorial, **Aroleia**, ha proyectado una visión basada en la renovación del espíritu y la construcción de caminos nuevos para el alma.

Janel cree que las historias humanas merecen ser contadas con verdad, y que la escritura, cuando nace del corazón, puede acompañar, elevar y despertar. Su obra es una invitación a mirar hacia adentro con valentía, a reconciliarse con la propia historia, y a escribir el resto del camino con esperanza.

**"Solo Hoy"**

Hoy quiero despertar, elevar mis manos al cielo
y agradecer a Dios por este milagro.
Hoy voy a arrodillarme y pedirle que proteja a mis
seres queridos.
Hoy abrazaré a mi madre, besaré a mis hermanas y
derramaré todo mi amor en mis hijos.

Hoy quiero ser el motivo de la felicidad de
alguien.
Hoy voy a tenderle la mano a un desconocido.
Hoy llenaré mis pulmones de aire puro y disfrutaré
de la vida como nunca.
Hoy lloraré de alegría, sin razón alguna.

Hoy cuidaré más de mí, enderezaré mi camino y
llegaré al final del día con gratitud.
Hoy caminaré tomado de la mano de mis hijos,
amaré más a mi familia,
y daré mi apoyo incondicional a un amigo.

Solo hoy, **"¡Sí,"** Porque hoy es mi mañana,
y si vivo este día con amor y propósito, lo repetiré
cada día de mi vida.

Poema de: Janel Silva

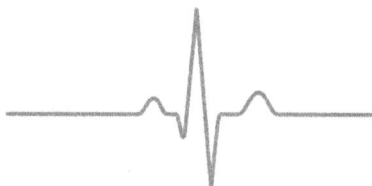

# Bibliografía y fuentes de inspiración

Esta obra fue escrita desde la experiencia, la contemplación y la búsqueda interior. Aunque la mayoría de sus contenidos nacen de vivencias propias y reflexiones del autor, se reconocen como fuentes de inspiración algunas ideas y aportes significativos:

- **La Biblia** – Fuente espiritual y guía esencial para muchos de los cantos y reflexiones que componen esta obra.

- **Isaías, capítulo 53** – Referencia clave en el desarrollo del canto dedicado a Jesús como modelo de trascendencia.

- **Albert Marte** – Historiador cuyas narraciones han enriquecido la visión espiritual y emocional de algunos relatos, especialmente A través de la amistad verdadera.

- Experiencias personales del autor y testimonios reales compartidos en anonimato.

- Conversaciones con líderes y amigos de fe, en especial el Pastor Jonny Encarnación y la Lic. Miledy Sánchez.

- Reflexiones del autor compartidas a través de Hoy es Mañana Podcast y su proceso de formación académica en Psicología Clínica.

- Meditaciones surgidas durante el desarrollo de Aroleia Ediciones, como espacio creativo y editorial de transformación.

# Cuando el corazón escribe

*Un viaje al corazón del ser humano*

**Janel Silva**

## Otras Obras

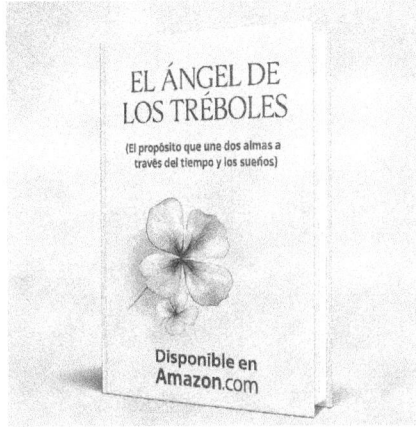

### El ángel de los tréboles

Una historia mística sobre dos almas destinadas a reencontrarse más allá del tiempo. Guiados por un ángel, Evelyn y Adriel descubren que su amor no nació en esta vida, sino que es una promesa eterna que despierta a través de sueños, señales y memorias del alma. Un viaje espiritual lleno de propósito, revelaciones y amor trascendente.